심사자의 눈으로 본

논리적인 글의 요건

이 성 복

세창미디어

국립중앙도서관 출판시도서목록(CIP)

(심사자의 눈으로 본) 논리적인 글의 요건 / 이성복. -- 서울 : 세창미디어, 2007
p. ; cm

참고문헌과 색인수록
ISBN 978-89-5586-065-8 13710 : ₩7000

802.066-KDC4
808.066-DDC21 CIP2007001897

머리말

저는 이 책을 엮으면서 반려된 원고 가운데 50편을 손 가는 대로 짚었는데 대부분이 '자기 것'이 없거나, 논문의 요건을 제대로 갖추지 못하였거나, 논문 작성 지침을 지키지 않았고, 심사자들이 이런 점을 지적하였습니다. 학술지의 논문들은 구성 요소와 서술 형식이 온전하고 논문 작성 지침대로 집필하여 겉모양부터 깔끔합니다. 겉볼안이라고, 심사자들은 "원고를 훑어보아, 심사 기준과 논문 작성 지침을 지키지 않았으면 그때부터 의견서를 어떻게 써야 할지 골머리를 앓는다."고들 합니다.

"논문을 어떻게 써야 합니까?" 각 대학이나 학회는 논문 심사 기준과 기고 요령을 공개하고 있습니다. 심사 기준은 "논문은 자기 것을 이렇게 써야 한다"는 요구이며, 제삼자가 '논문의 요건을 온전히 갖추었는지 객관적으로 판단하는 기준'입니다.

저는 여러 논문, 심사 기준, 심사 의견서 등을 모아 논문의 공통적인 요소와 서술 형식을 찾고, 이것을 갖추지 못한 글이나 문장을 보기로 들어 보완해야 할 사항을 제시하였습니다. 이 책이 논리적인 글을 쓰시는 이들께 도움이 되면 좋겠습니다. 이 글을 교열해 주신 최희정 님 고맙습니다.

2007년 봄

이성복 드림

차례

일러두기

1. 이 책에서는 「표준국어대사전」(국립국어원)의 표제어를 표기 기준으로 삼았습니다.
2. 사람 이름을 드러내지 않으려고 '심사 의견'과 '알아보기 어려운 문장'의 출처를 밝히지 않았습니다.

부호

□ 고등학교 교과서, 대학 교재, 연구 기관의 보고서, 논문, 신문 · 방송의 기사 등에서 따온, 바르지 않은 문장
△ 잡지나 여느 사람의 대화에서 따온, 바르지 않은 문장
▴ 바르지 않은 문장을 흉내 내어 지은 문장
► 얼추 다듬은 문장
→ 대안으로 제시한 문장
* 설명
※ 본보기로 삼을 문장 또는 참고할 문장
○ 표준어, 바른 표기
× 비표준어, 잘못 표기한 말, 어법에 맞지 않는 문장, 어색한 말, 문장에 어울리지 않는 말
(표준) 「표준국어대사전」의 뜻풀이나 용례
(심사자) 논문 심사자의 의견

독자가 기대하는 대로 자기의 독창적인 견해를, 독자를 배려하여 쉬이 알아보게 쓴 글을 좋은 글이라 이른다. 좋은 글은 자기가 잘 아는 내용을 머릿속에서 충분히 정리해야 쓸 수 있다. 빼어난 내용을 좋은 글로 잘 쓰면 '글을 잘 쓴다'고 이른다.

- "네가 가장 잘 아는 글을 써라(윤후명)."
- "갤브레이스는 '불확실성의 시대', '풍요로운 사회' 같은 명저를 쓰면서 독자를 잘 배려하는, 글 잘 쓰는 경제학자로도 이름을 날렸다(서경호)."

독자가 공감하게

쓰려는 글의 형식에 맞추어

글쓰기의 기초를 설명하는 책에서, 편집자들이 소설, 시, 논문 등에서 잘 쓴 글을 추려 본보기로 들었다. 그러나 글쓰기를 배우는 이가 무엇을 왜 잘 썼다고 하는지 이해하기 어려울 테고, 글마다 서술 형식이 다르므로 아무 글이나 다 잘 쓰기는 어려울 것이다. 소설을 쓰고 싶으면 소설 쓰는 법 하나만, 논문을 쓰고 싶으면 논문 쓰는 법 하나만 대상으로 삼아야 익히기 수월할 것이다.

좋은 글은, 독자가 공감하여 좋다고 하는 글이다. 독자는 필자의 독창적 견해가 담겨 있고 쉬이 알아볼 수 있는 글을 좋다고 할 것이다. 이를테면, 논문 심사자는 심사 기준을 충족한 글이어야 "학술지에 게재하기 적합한 원고"라고 의견을 제시할 것이다. 논문을 쓰고 싶으면 논문 심사자가 요구하는 조건, 곧 논문에 어울리는 수준, 요소, 형식이 무엇인지부터 익혀야 한다.

좋은 논문은 저절로 써지지 않는다. 많은 것을 알고 있어도, 논문에 어울리는 글을 쓰는 연습을 하지 않으면 논문을 쓰기 어렵다. 논문을 쓰려면 자기 글에서 부족한 점이 무엇인지부터 파악하고, 이런 요건을 채우는 연습을 해야 한다.

독자 마음에 들게

필자는 남에게 알리려는 내용을 글에 충분히 담았다고 여기고 글을 잘 썼다고 스스로 만족하기도 한다. 독자는 글의 내용이 충분한 것만으로는 좋다고 여기지 않을 수도 있다. 일반적인 글이면 '아래와 같은 요건(이응백 1990, 103-108)'을 갖춘 글을 좋다고 여기리라.

1-1) 독창적이며 쓸 만한 내용을 충실히 담은 글
1-2) 정확한 어휘로 독자에게 뜻을 쉽고 분명하게 전하는 글
1-3) 진실이 담겨 독자를 설득하는 힘을 가진 글

심사자나 교수는, 논문은 아래와 같은 '구성 요소와 서술 형식(Reeder 1930, 7-11 참고)'을, 논술문 또는 리포트 따위는 이와 비슷한 요소와 형식을 갖추어야 좋다고 여기리라.

2-1) '자기 것', 곧 자기의 연구 주제/방법이 독창적이며 자기가 세운 가설이 옳음을
2-2) 구체적인 증거를 제시하면서 증명하고
2-3) 논리를 갖추어, 객관적으로, 치우침 없이
2-4) 독자가 알아보기 쉬운 문장으로 주장하여
2-5) 독자가 공감하는 글

* 2-3)은 논문에 어울리는 문체(文體)이며, 다른 글과 구분하는 기준이기도 하다(57쪽 참고).

이 책에서는 논문을 기준으로 삼아 논리적인 글이 갖추어야 할 수준, 요소, 형식, 문체 등을 서술하였다.

심사 기준을 충족하고

"일곱 살 난 아이가 맥주병 두 개와 소주병 한 개를 엿과 바꾸어 먹으려고 엿장수에게 주었다. 엿장수가 가위질을 몇 번 했게?"

"일곱 번."

"세 번."

"아니, 엿장수 맘대로."

시험 문제를 알면 점수를 잘 받을 수 있을까? 주관식 문제인데, 교수님이 시험 문제를 알려 주어도 누구는 점수를 잘 받고 누구는 잘 못 받는다. 리포트 과제의 제목이 같은데, 어느 학생은 '에이 플러스'를, 어느 학생은 '시'를 받는다. 엿장수가 주관으로 가위질을 하였는지 알 수 없지만, 교수님의 채점 기준은 '상식 100점'이 아닐 것이다.

학회나 기관은 원고가 논문의 요건, 곧 독창성과 학문적 수준, 구성 요소, 서술 형식을 갖추었는지, 심사자가 객관적으로 판단할 수 있도록 **심사 기준**을 제시하고 있다. 문제에는 출제자가 채점하는 기준이 있다. 논문 원고는 기고자가 스스로 문제를 내고 답을 쓴 글이지만, 심사자가 정답을 판단하는 기준은 심사 기준이다.

논문은 **심사 기준**을 충족하고 **논문 작성 지침**과 **기고 요령**을 좇은 글이다. 학회나 기관은 이런 기준, 지침, 요령을 공개하고 있다. 그런데도 이 기준이나 요령을 좇지 아니하고 제 마음대로 작성한 원고가 있다. 학회가 반려한 원고가 주로 이런 글이다.

1. 심사 기준에 맞추어

학술지를 발행하는 학회나 기관은, 원고의 내용과 학문적 수준, 논문에 어울리는 구성 요소와 서술 형식을 갖추었는지 객관적으로 판단하는 **심사 기준**을 마련하여 공개하고(13-14쪽 참고), 다음과 같은 기고 요령을 제시하고 있다.

> 기고 조건, 주제 선정 분야, 원고 분량, 사용해야 하는 워드프로세서, 논문 작성 지침, 심사 절차, 발행 횟수와 시기, 송고 방법

각 학회에서는, 편집위원들이 원고를 일차 검토한 뒤 심사자들을 추천하고, 심사자 셋 가운데 둘 이상이 "논문으로 게재하기 적합하다"고 의견을 제시하면, 편집위원회가 게재 여부를 심의한다. 편집위원이 일차 검토 단계에서 논문의 형식을 갖추지 못한 원고를 반려하자는 의견을 제시한 사례도 있다.

> ※ "심사용 원고의 요소 · 형식을 갖추지 못했습니다. 반려하시면 될 것으로 생각합니다. 시간과 비용의 문제라고 생각합니다(편집위원)."

학위 논문을 쓰는 이는 대학이 제시하는 심사 기준과 기고 요령부터 좇아야 한다. 대학이 이런 기준과 요령을 상세히 제시하지 않았으면 몇몇 학회의 심사 기준과 기고 요령을 참고하면 도움이 될 것이다. 그리고 <자료 1>과 같은 기준을 잣대로 자기의 글을 스스로 평가해 보면 심사위원들이 어떻게 의견을 제시할지 짐작할 수 있을 것이다.

자료 I. 논문 심사 의견서 1 (보기: 「농촌경제」)

제목:

심사 기준	심사 의견
1. **구성 요소** 논문의 구성 요소를 충실히 갖추었는가? [주제어, 초록, 서론(연구 필요성과 목적, 선행 연구 검토, 연구 범위와 방법), 본론, 결론과 의미, 참고문헌 등]	☐ 예　☐ 아니요
2. **독창성** 주제, 분석방법, 접근방법이 적절한가? 그리고 이것들이 (어느 하나라도) 새로운 것인가?	☐ 예　☐ 아니요
3. **검증성** 객관적으로, 치우침 없이(不偏性), 비약하지 않고, 논리를 일관성 있게 전개하여 증명 또는 서술하였는가?	☐ 예　☐ 아니요
4. **정확성** 문헌, 자료 등을 정확하게 인용·참고하였는가?	☐ 예　☐ 아니요
5. **기여도** 연구 결과가 학문 발전 또는 정책 수립에 기여할 것으로 기대되는가?	☐ 예　☐ 아니요
6. **게재 적합 여부**	☐ 우수 ☐ 적합 ☐ 거의 적합, 수정/보완 ☐ 수정/보완 후 재심 ☐ 부적합

※ '아니요'라고 답하신 사항과 수정/보완해야 할 사항이 있으면 별지에 구체적으로 명시하여 주시기 바랍니다.

논문 심사 의견서 2 (보기: 「대한간호학회지」)

제목:

항목 \ 점수*		(1)	(2)	(3)	(4)	(5)	(6)
연구 주제	1. 연구 주제의 선정은 적절한가?						
	2. 연구 주제가 독창적인가?						
연구의 필요성 및 목적	1. 연구 문제와 목적이 구체적이고 명료한가?						
문헌 고찰	1. 연구 주제와 관련된 주요 개념을 포함하였는가?						
	2. 1차 자료를 주로 인용하였는가?						
	3. 최근 문헌을 이용하였는가?						
	4. 연구자의 비판적 분석이 포함되어 있는가?						
연구결과 및 논의	1. 연구 결과에 대한 해석 및 논의가 적절한가?						
결론 및 제언	1. 요약 및 결론이 적합하게 기술되었는가?						
	2. 연구 결과가 실무, 연구, 교육, 정책 반영에 기여하는가?						
	3. 결론 도출이 본 연구 주제 분야의 전문성 향상에 기여했는가?						
기타	1. 참고 문헌이 규정에 맞게 되었는가? (학회지 투고 요령 참조)						
	2. 영문 초록이 적절한가?						
게재 가능 여부 및 우수 논문 추천: (1) 불가능, (2) 수정 후 재심, (3) 수정 후 게재 가능, (4) 게재 가능, (5) 우수 논문							

* (1) 매우 부족하다, (2) 부족하다, (3) 보통이다, (4) 우수하다, (5) 매우 우수하다, (6) 비해당.

※ 구체적인 심사 내용은 별지에 타자로 기록해 주십시오.

2. 논문의 요건을 갖추고

논문은 상식을 모은 글이 아니다. 반려된 원고 가운데 무작위로 50편을 짚었는데, 모두가 논문의 요소와 서술 형식을 온전히 갖추지 못하였다. 논문은 다음 요건을 갖추어야 한다.

구성 요소: 독창적인 주제, 연구해야 하는 필요성, 연구 목적, 자기가 제시한 가설[=주장]이 옳다는 논거와 증명, 분석 방법, 결과와 의미 등을 갖추어야 한다. 이러한 요소는 논문의 줄거리이자 학문적 수준을 가늠하는 기준이기도 하다(16-17쪽 참고).

서술 형식: 자기의 주장을 구체적으로, 논리를 갖추어, 객관적으로, 치우침 없이 증명하는 문체로 서술해야 한다.

심사자가 구성 요소에 관해 제기한 의견

※ 아무리 훌륭한 연구 보고서라도 이것을 단순히 요약하거나 부분적으로 발췌 정리해서는 논문이 될 수 없다. 이 글은 '자기의 가설'과 논문의 보편적인 요소를 갖추지 못하였다.

※ 심사를 받기 위해서는 먼저 논문 형식에 맞게 글을 다시 구성하고, 전체적으로 문장을 다듬을 필요가 있다.

※ "정책적 시사점을 도출하겠다"고 하였으나 그렇게 하지 못하였다.

※ 이 원고는 연구 방법과 범위에 대해 언급하지 않았다.

※ 원인과 결과가 무엇인지 분석하지 않고 외국의 사례만 ….

※ 가설 또는 필자의 문제의식을 찾기 어렵고 과학적인 절차에 의해 가설을 짚고 확인해 가는 과정이 없어 논문으로 보기에는 ….

자료 2. 논문의 줄거리 (보기: 인문 · 사회 분야 논문의 일반적인 줄거리)

주제어

초록

- 연구 목적과 방법: 2~3줄
- 연구 결과: 4~5줄
- 시사점 또는 개선 방안: 2~3줄

서론

필요성: 이 연구가 필요한 까닭

- 반복하여 나타나는 어떤 현상을 달관하고,
- 이런 현상의 원인은 무엇이고 결과는 무엇일지 기존 이론을 토대로 추론하여 새로운 가설을 제시하였다.
- 새로운 가설에 사용한 용어, 곧 주제어의 개념을 정의하고
- 자기가 정한 주제가 …에 기여할 것이므로 연구할 필요나 가치가 있다고 주장하였다.
  * 선행 연구에서 오류 또는 보완할 내용을 찾아내어 이를 바로잡아야 하는 까닭을 밝혔다.
  * 또는 가설을 토대로 이런 현상이 사회, 경제 등에 어떤 영향을 끼칠지 추론하고, 원인[이나 문제점]을 해소하는 방안을 마련해야 하는 까닭을 밝혔다.

연구(하는) 목적

- 자기가 창안한 기법을 어떤 현상을 분석하는 데 적용할 수 있는지 검증하려고 하였다.
  * 또는 선행 연구의 타당성을 (또는 적합성이나 응용 가능성을) 검증하려고 하였다.
  * 또는 문제점을 해소하거나 개선하는 방안을 제시하려고 하였다.

선행 연구 검토, 연구 범위와 방법

- 다른 사람이 연구한 대상이나 분석 방법 등에서 보완해야 할 사항을 지적하고, 이것을 자기의 연구가 보완할 것이라고 가정하였다.
  * 또는 다른 분석 방법을 적용하여 상대적으로 더 나은 결론을 얻을 수 있을 것이라고 가정하였다.

본론

현상 관찰

- 연구 대상으로 삼은 현상을 (현장에서) 조사하거나 통계 자료를 이용하여 관찰하고, 이런 현상에 규칙성이 있는지, 사회, 경제 등에 어떤 영향을 끼치는지 연구하였다.

인과 관계 규명

- 기존 이론, 통계 자료, (현장) 조사 자료 등을 분석하여
- 연구 대상으로 삼은 '현상의 원인과 결과'에 법칙성이 있음을 증명하고
- 개선하거나 해결해야 할 사항을 밝혔다.
  * 또는 이런 현상이 미래에 어떻게 나타날지 예측하였다.

대안 제시

- 원인[이나 문제점]을 해소하는 방안 또는 바라는 결과를 얻을 수 있는 대안을 제시하였다.

결론

- 자기가 제시한 가설과 연구 결과가 일치함을 밝히고,
- 자기의 연구 방법/결과를 다른 학자들의 연구 방법/결과와 대비하여 공통점/차이점을 밝히고
  * 아울러 자기 연구에서 보완할 사항을 서술하기도 하였다.
- 연구 결과의 의미나 쓸모 또는 시사점 따위를 서술하였다.

참고 문헌 (목록)

3. 새롭고 쓸모 있는 가설임을

글의 가치를 판단하는 기준은 '창작'과 '쓸모'이다. **자기의 독창적인 견해를 담은, 쓸모 있는 글이어야**, 독자가 "읽을 가치가 있다"고 판단할 것이다. 심사자는 낡았거나 쓸모없는 글은 논문으로 인정하지 않는다. 법률도 새로운 글에 대한 권리만 인정하고 "-고 하더라"는 글과 '퍼 온 글'에 대한 권리는 인정하지 않는다.

창작을 판단하는 기준은 자기가 저작한 내용이 '남이 발표한 내용과 다르다'와 '발표한 —남보다 먼저 일반 공중에게 알린— **때**'이다. 창작물임이 인정되면 "저작한 **때부터 저작권**이 인정된다(저작권법 1996)."[1] 논문을 쓰는 이는 구상 단계부터 발표 직전까지 자기가 연구하는 내용과 "같거나 비슷한 글이 있는지 살펴야 한다(CBE 1978, 1)."[2]

실제로 써먹을 데가 있는 결과를 얻을 수 있을 것이라고 판단되는 주제여야 연구할 가치가 있다. 연구 결과가 타당하더라도 써먹을 데가 없으으면 쓸데없는 연구를 하는 셈이다.

---

[1] **'저작물'**은 문학 · 학술 또는 예술의 범위에 속하는 창작물을 이른다. **'저작자'**는 저작물을 창작한 자로서 저작물에 대한 배타적 · 독점적 권리, 곧 '저작권'을 가진다. **저작권에**는 '저작인격권'과 '저작재산권'이 있다(저작권법). 법은 '애국가'에도 저작자에게 저작재산권이 있다고 인정하였다.

[2] 먼저 알았어도, 남보다 뒤늦게 알리면 창작이 아니다. 애덤스(J.C. Adams)도 천왕성 바깥쪽에 위성이 있을 것이라고 추론하였지만, 학계는 갈레(J.G. Galle)가 1846년에 해왕성을 발견하였다고 인정하였다.

새롭고 쓸모 있는 주제로

논문의 알맹이, 곧 주제(主題)는 '내가 제시한 가설이 새로운 것이며 나의 주장이 옳을 것이다'이다. "**연구 주제의 선정은 적절한가**(대한간호학회지 심사 기준)?" 논문의 주제는 다음 요건을 갖추어야 한다.

1) 자기의 견해를 담은 새로운 아이디어이며, 가설이 타당하다.
2) 시의 적절하며, 연구할 가치(=필요)가 있다. 곧, 학문 발전이나 문제 해결에 도움이 될 것으로 기대된다.
3) 연구 대상으로 다루기에 범위가 적절하다.

논문은 주제나 분석 방법 어느 하나라도, 그리고 **결과 해석**[견해]이 **새로운 것**이어야 한다. 논문의 토대는 기존 이론이므로 '**새로운 것**'은 그만큼 수준이 높고 자기 것이어야 한다는 기준이다. 글의 종류에 따라 주제가 달라지고, 주제에 따라 내용이 달라진다. 한국농촌경제연구원은 논리적인 글의 종류를 다음과 같이 규정하였다.

논문: 독창적인 가설을 제시하고 논리적으로 증명한 글.
연구 노트: 증명 없이, 연구할 가치가 있는 가설을 제시한 글.
연구 자료: 일차 자료를 연구에 이용할 수 있게 독창적으로 편집한 글.

※ 이 글은 기존의 연구 성과들을 종합하여 자료로서 가치는 있으나 논문이 갖추어야 할 자기 것이 없다(심사자).
※ "…에 관한 연구가 없었다."라며 독창성을 주장하였다. 그러나 이 글의 분석 대상, 방법, 자료 이용 범위가 '(박○○ 2005), (김○○ 2004), … 등' 선행 연구보다 새로운 것이 아니다(심사자).

"연구 결과가 학문 발전이나 정책 수립 등에 기여할 것으로 기대되는가(심사 의견서)?" 논문에서는 연구해야 하는 **까닭**과 연구 결과의 **쓸모**(=필요성)부터 알려야 한다.

※ 기존 연구가 횡단자료에 의존하여 실질적인 변동의 모습을 파악하지 못했는데, 이 연구는 농가별 시계열 분석을 통해 실질적인 변동의 모습을 파악할 수 있어 유용한 정보를 준 좋은 논문이다(심사자).

※ 이 글은 접근 방법이 새롭고, … 지역 특성이 분명한 대표 사례를 선정하여 장기간의 추세 변동을 지역별로 비교 분석하여 기존 논의의 한계를 극복하는 데 기여할 것으로 판단된다(심사자).

구체적인 주제로, 용어를 정의하면서

논문이나 리포트 따위는 분량이 제한된 글이다.[3] 이런 글은 주제(=연구 범위)를 되도록 하위 개념이나 구체적인 현상으로 좁혀야 명확하게, 깊이 서술하기 좋다.[4]

농축산물 유통 〉 축산물 유통 〉 쇠고기 유통 〉 …

---

[3] 인문·사회 분야 학회들은 일반적으로 논문 1편의 분량을 1만 6000자(A4 용지 16장) 안팎으로 제한하고 있다. 어떤 교수는 학생들이 이해한 바를 충분히 적은 리포트를 좋아하고, 어떤 교수는 알아보기 좋게 짤막하게 적은 리포트를 좋아한다. 그러므로 리포트의 분량은 과제를 내 준 교수의 요구에 맞추어야 한다.

※ "원고의 분량이 많고 제2장과 제3장은 필수적인 내용이 아니다. 따라서 제2장과 제3장을 생략하고 글을 재구성하는 것이 좋을 것으로 판단된다(심사자)."

[4] 주제에서 벗어난 이야기가 있는 글들은 대개 주제의 범위가 넓다.

논리적인 글에서는 **주제어의 개념을 정의**하여야 논점이 명확해진다. 이를테면, '평균수명'을 ㉠이라고 정의하느냐 ㉡이라고 정의하느냐에 따라 논점이 달라진다.

> ㉠ 일정한 지역 주민들의 수명을 평균한 것. 1년 사이에 죽은 사람의 총 나이를 죽은 사람의 수로 나누어 계산한다(표준국어대사전).
>
> ㉡ 0세의 평균여명(平均餘命)을 평균수명이라 한다. …. 즉, 어떤 연령의 생존자 중 다음 해에는 몇 사람이 살아남는가를 연령별 사망률을 이용해서 산출하고, 이것을 차례로 연령마다 반복해서 계산하여 모두 죽어 없어질 때까지 계속한 결과, 각 연령에서의 생존자 수의 총합을 처음 연령의 생존자 수로 나눈 것이 그 연령의 평균여명이다(EnCyber).

주요 **용어도 개념을 정의**하면서 사용해야 한다. 한 용어를 다른 연구자와 다른 개념으로 사용하려면 두 정의를 대비하면서 이유를 밝혀야 한다. 그리고 한 용어는 한 개념으로만 사용하고, 한 개념은 한 용어로만 일러야 한다.

> ※ 서론에서 "지리적 표시가 원산지 표시, 상품(상표) 등록, 브랜드, 명품, 특산품 등과 무엇이 다른지 잘 알려지지 않은 것이 현실"이라고 하였다. 필자는 각 **용어의** 개념이 무엇이고 어떻게 다른지 비교 설명하고, 실제 예로써 알기 쉽게 설명할 필요가 있다(심사자).
>
> ※ 영어 약어를 처음 사용할 때 줄이지 않은 용어를 괄호 안에 병기하고, 개념을 설명하여야 한다(심사자).
>
> ※ '중다회귀분석'과 '중회귀분석' **어느 하나로 통일해** 써야 한다(심사자).
>
> ※ '원산지 표시제'는 농림부가 실시하고 있는 품질 인증 제도이다. 이 글은 '지리적 표시'를 '원산지 표시'라고 말하여 혼란스럽다(심사자).

4. 철저히 인용하며

"야! 재미있다." / "그래! 그렇구나." / "이런 방법도 있었네."

독자는 글에서 자기가 얻고 싶었던 것, 몰랐던 내용, 생각지 못했던 방법 등 새로운 것을 얻으면 만족할 것이다. 인용하면, 자기의 글이 남의 글과 대비해 '**새롭고 더 나은 것**'임을 알릴 수 있다.

새롭고 더 나은 주장임을 증명하면서

(1)은 새로운 내용인지 아닌지, 또는 필자가 한 말인지 베낀 말인지 분별하기 어렵다. 이렇게 주장하려면 먼저 "우유는 완전식품이다"를 증명해야 한다[=ㄱ과정].

(1) "우유는 완전식품이다." 우유를 마시면 건강에 좋고, ….

(1′)처럼 서술하려면 '아인슈타인이 언제, 어디서, 무슨 근거로 이렇게 주장하였는지를 소개해야 한다'[=ㄴ과정].

(1′) 아인슈타인은, 우유는 완전식품이라고 하였다. 우유를 마시면 ….

전거(典據) —저자, 창작한 연도, 자료가 있는 면— 를 밝히면 ㄱ이나 ㄴ 같은 과정을 생략하고 바로 자기의 주장을 서술할 수 있다.

(1″) "우유는 완전식품이다(아인슈타인 **19xx**, 쪽)." 우유를 마시면 ….

(2)에서는 새로운 점이 드러나지 않지만, '이 연구'와 '인용한[=기존] 연구'를 대비한 (2′)에서는 새로운 점과 논거가 분명이 드러난다.

(2) …이므로 이 연구에서는 'ㄷ'이라는 방법으로 조사, 분석하였다.
(2′) '아무개는 … ㄱ 방법으로(전거), 아무개는 … ㄴ 방법으로 연구하였으나(전거), 한계점이 …이다.' 이 연구에서는 'ㄷ 방법'으로 조사, 분석하였다.

논문 창작의 토대는 기존 이론이다. 이론은 검증된 것이므로 기존 이론을 인용하면 다시 증명하지 않아도 된다. **인용**은 창작을 위해 다른 창작물의 일부 내용을 이용하고, 그 내용이 누가 언제 저작한, 어느 문헌, 어디에 있는지 밝힘으로써

1) 자기 연구의 출발점을 밝혀 증명 과정을 줄이고,
2) 자기의 연구가 남의 연구와 다른(=새로운) 점을 밝히고,
3) 자기의 가설/주장이 옳음을 증명하는 학문 수단이다.

인용은 저작자들이 서로를 보호하기 위해 지켜야 할 양심이며, 저자에게 예의를 지키는 일이며, 독자에게 **문헌 정보**를 제공하는 일이다.[5] **자기가 발표한 글**을 새 글에서 사용할 적에도 전거를 밝혀야 증명 과정을 줄일 수 있다. 인용은 '연구자의 권리'이기도 하다.

> "공표된 저작물은 … 연구 등을 위하여 정당한 범위 안에서 공정한 관행에 합치되게 이를 인용할 수 있다(저작권법 1995, 제25조)."

---

[5] 문헌(文獻): 인용한 내용을 담고 있는 저작물. 또는 그 내용과 관련 있는 내용을 담고 있는 저작물. '문헌 목록'은 자기가 하려는 연구와 같거나 비슷한 연구가 있는지 검토하는 일차 자료이다(103쪽 참고).

전거를 꼬박꼬박 밝히고

남의 글을 사용하면 반드시 전거를 밝혀야 한다. “내 글이 내 글이고 네 글도 내 글”로 여기는 이는 ‘학문과 도둑질의 차이’부터 배워야 한다. 인용은 학문하는 방법이고, ‘표’와 ‘절’을 아울러 이르는 표절(剽竊)은 도둑질하는 행위이다.

剽는 ‘협박하다, 윽박지르다’는 뜻이다. 윗사람이 자기가 창안한 바 없이 아랫사람의 글에 제일 저자로 오르는 ‘**말 타기**’는 剽이다. 지도 교수가 말 몇 마디 거들고 저자로 끼어드는 “관행”이나 剽는 ‘거기서 거기[오십보백보]’이다. 竊은 ‘도둑질하다’는 뜻이다. 남의 글을 가져다가 자기의 글인 양 공표하면 竊이다.

- 사례 1

  ○○학계 일각에서는 문제의 논문에 대해 ㄱ, ㄴ 두 교수가 제자의 논문에 자신들의 이름을 끼워 넣기를 한 것이 아니냐는 의혹도 함께 제기하면서 …. (김덕련 2005)

- 사례 2

  ○○대 총장 논문 표절 논란 / “**관행**이었지만 송구스럽다.” (천인성, 한애란 2006, 10)

- 사례 3

  학회는 30여 개의 문단과 도표 등이 캐나다 연구팀의 3개 논문의 내용과 거의 일치하고, 심지어 단어 하나 틀리지 않는 문장까지 있을 정도라고 지적했다. (박용 2001)

저작자는 저작물을 제공하고 삯 —봉급, 연구비, 원고료— 이나 학위, 명성 따위를 받으므로 **저작물**은 시치미[성명 표시권]가 붙은 **재산**이다.

표절한 이는 삯이나 명예 따위를 얻으려고 시치미를 떼고 남의 저작물을 훔쳐 썼을 것이다. 그래서 표절자를 '승갑도적'[한겨울에 남의 겉옷을 벗겨 입는 도적]이라고도 이른다. 이런 말을 영어로는 '해적'(pirate: 표절자)이 '약탈한'(piracy: 표절 행위) '장물'(crib: 표절물) 따위에 빗댄다.

표절을 판단하는 일차 기준은 다음과 같다.

1) 남의 창작물을 자기의 창작물인 양 공표
2) '자기 것', 곧 자기의 창안이 없는 글을 창작물인 양 공표
   * 자기의 견해가 없이 남의 글만으로 엮은 글은 철저히 인용하였어도 창작물이 아니다.

한 문장에서 알속을 이루는 성분 셋 —주어+목적어+서술어— 이상을 베끼면 표절이라고 의심을 살 수 있다. 교과서 같은 발상이라도, 콜럼버스의 달걀 같은 창안이라도 전거를 밝히고 사용해야 한다. 이런 내용을 자기 아이디어인 양 표현하면 표절이다.

△ 옥수수나무 열매에 하모니카가 들어 있네. [동요]
하모니카 같은 옥수수라 할 수 있다. [표절]

연구자는 관련 문헌부터 철저히 검색해야 하는 **의무**가 있다. 표절 시비를 가릴 적에 "몰랐다"는 발뺌이 용납되지 않는다.

■ 사례 4

"ㄱ교수의 독창적인 아이디어로만 알았다." …. S대의 한 교수는 … "논문의 책임자인 제1 저자가 2~4년 전에 발표된 논문도 모른다는 것 자체가 … 망신거리"라고 지적했다. (박용 2001)

문헌 목록에는 문헌의 수효가 많은데 본문에는 인용주가 몇 안 되는 글이 있다. '문헌 목록'에만 적고 '인용한 문장'에 전거를 밝히지 않은 행위도 표절이다. 표절하면 주장하는 논거가 희박해지고 신빙성이 낮아진다.

■ 사례 5

A 교수는 "참고 문헌에 ○○○ 보고서를 참고했음을 밝혔고, 외국 사례 부분에도 각주를 달아 …"라고 해명했다.

… 한양대 유재원 행정학과 교수는 "인용할 때마다 출처를 밝히는 것이 원칙"이라며 "참고 문헌에만 적시했다면 이는 인용 사실을 인정하지 않은 것"이라고 말했다. (강지남 2005, 14)

■ 사례 6

600개 논문 인용하다 실수로 1개 빠뜨려도 …. / 정상급 국제 학술지가 "표절"로 판정. / "빠졌다고 내가 먼저 알렸는데 …(서○○ 교수)." (강홍준 2006, 10)

오자나 오류가 있는 내용까지 그대로 훔쳐 쓴 논문도 있다. 평야 지대 마을을 개발하는 데 적용한 이론을 훔쳐다가 산간 지대 마을을 개발하는 데 적용한 보고서가 있는데, 다음도 비슷한 사례이다.

■ 사례 7

이들은 … "K씨의 방법론을 참조하고 논문 일부를 출처를 밝히지 않고 쓴 부분이 있는 것은 사실"이라고 시인했다(김덕련 2005).

공동 연구물의 일부를, 연구진의 한 사람이 참여자 모두의 허락을 받지 않고 **미리 발표**하는 행위도 —'공동으로 연구한 내용'이라고 밝히더라도 — 표절이다. 먼저 발표한 논문이 원전이고, 먼저 발표한 이가 저작권을 가지므로 미리 발표한 이가 저작권의 일부를 가로채는 행위이다.

'ㄷ'이 'ㄴ'의 글에 있는 'ㄱ'의 글을 **이차 인용**하면 'ㄱ'이 일차 저작자[=원저자]라고 밝혀야 한다. 시 (1)의 출처를 「춘향전」이라고 적으면 독자들 대부분이 춘향전의 저자가 일차 저작자인 줄 알 것이다.

(1) 金樽美酒千人血 玉盤佳肴萬姓膏 …(춘향전).
 ※ … 이 시는 계서(溪西) 성이성(成以性)의 작이라는 설과, 명나라 도사(都司)가 지었다는 설이 있음(강경호 1985, 165).

표지에 적힌 저작자의 **순서대로** 문헌을 적어야 한다. 순서가 'ㄱ, ㄴ, ㄷ'인데, 인용자가 'ㄷ'만 적거나 'ㄷ 등'이라고 적으면 임꺽정처럼 'ㄱ, ㄴ'의 저작권을 'ㄷ'에게 넘겨주는 셈이다.

(2) ㄷ. 1996.「 …… 」. /ㄷ 등. 1996.「 …… 」. [임꺽정 식 인용]
 ㄱ, ㄴ, ㄷ. 1996.「 …… 」. [바른 인용]

여러 사람이 같은 자료를 사용하고 전거를 밝히지 않으면 누가 일차 저작자인지 알기 힘들다. 이런 일과 위 (1)이나 (2)와 같은 일이 거듭되면 일차 저작자가 베낀 사람의 글을 인용해야 하는 경우도 생긴다. 이 책도 86쪽에 있는 그림의 원전을 적지 못하였다.

퍼 온 글, 베낀 글에서는 얻을 것이 별로 없다. 독자는 읽은 글이 어디서 본 듯한 글이고 얻은 것이 별로 없으면 헛헛할 것이다. 더욱이, **전문 분야에서 표절**은 눈 가리고 아옹 하는 행위 또는 독자를 헌 글과 새 글도 구별 못하는 숙맥으로 얕잡는 행위이다. 전문가의 수효와 발표한 글 —예를 들면, '쇠고기 유통에 관한' 글— 의 편수가 한정되어 있으므로 표절문은 누군가의 눈에 띄게 마련이다.

> 농업경제 〉 농축산물 유통 〉 축산물 유통 〉 쇠고기 유통 〉 …

대학(원)생들의 리포트에서는 철저히 인용한 글을 찾기 어렵다. 이는 교수가 표절에 무심하기 때문인지도 모른다.

> 305명—교수 58명, 연구원 163명, 대학원생 40명—가운데 279명이 "논문 부정행위를 직접 체험하거나 목격한 적이 있다."고 답하였다. (허귀식 등 2006, 43)

표절 때문에 불신이 퍼져 나가기도 한다.

■ 사례 8

> 2003년 7월 제이슨 블레어 기자의 기사 조작 및 표절 사건을 스스로 신문에 공표하고 개선 방안을 마련하겠다고 밝혔던 뉴욕타임스는 … 보고서를 내놓았다. … 이 보고서는 "뉴욕타임스 기사의 전부 또는 자신이 읽은 기사를 모두 신뢰한다는 독자는 미국 평균치인 21%였으며 독자의 14%는 거의 대부분을 믿지 않는다고 밝혔다."고 신뢰도 추락을 우려했다. (홍권희 2005)

자기 글도 전거를 밝히고

'발표, 발행'은 '공중에게 처음 알림'이라는 뜻이다. 세미나 논문, 학위 논문, 문서, 워킹페이퍼, 회의 자료 따위는 책의 형태로 묶었더라도 '특정한 곳에서 몇몇 사람에게 한정하여 알리는 임시 저작물'이므로 이러한 글은 학술지 등에 발표할 수 있다.

연극이나 영화를 남에게 거듭 보여 주듯, 필자는 자기의 논문을 남에게 거듭 알릴 수 있다. 다만, 거듭 알리는 글은 '재창작물'이 아니다. 논문을 다른 매체에 거듭 게재할 때에는 "…에 발표한 논문"이라고 전거를 밝혀야 한다. 전거를 밝히지 않고 표제만 바꾸어 다른 학술지에 거듭 기고하거나, 새 글인 양 꾸미면 헌 연구를 새 연구라고 속이는 행위이며 이중 매매이다.

> 목사: 얘, 네 동생 새 아기와 바꿀래?
> 아이: 제 동생은 여러 날 썼는데요?
>
> (안현필. 「영어 기초 실력」)

일상에서 한 가지 방법을 여러 번 사용하면 "노루 때린 막대기"에 비유하기도 한다. 발표한 글은 노루 때린 막대기가 아니다. 자기가 쓴 글이라도 다시 우리면 말 도마에 오를 수 있다.

- ○ 부총리 '논문 자기 표절' 더 있다. / 1998-99년에도 제목만 바꿔 중복 발표. / 학회 · 대학 · BK21에 제출. (임영유 등 2006)
- [○○○가] △△대 총장으로 취임하면서 □□대 취임 당시[에 썼던] 자신의 연설문을 거의 옮겨 썼다는 주장이 제기됐다. (홍용덕 2005)

5. 검증된 자료로 증명하고

자기의 주장이 옳음을, 또는 자기의 연구 방법이 타당함을 증명할 적에는 전거가 분명한 자료,[6] 검증된 자료,[7] 그리고 되도록 최근 자료를 인용해야 한다.[8] 원전을 구하기 어렵거나 부득이한 경우에만 이차 인용을 하고 되도록 일차 자료를 인용해야 한다.[9] 검증되지 않은 자료로는 증명하기 어렵다.

※ 필자는 '… 등(1999)'이 사용한 분석 기준을 그대로 사용하였는데, 이 기준이 학술적으로 검증된 것인지 검토하고 이 기준을 채택한 필자의 관점도 제시해야 한다(심사자).

※ 세미나 자료 대신 보고서를 인용하기 바란다(심사자).

※ 표에서 2003년까지의 자료를 썼다. 2004년 자료를 보완해야 한다(심사자).

[6] 증명하려면, 육하원칙을 좇은 자료를 써야 한다. 국가, 국제기구, 공공기관, 공인 기관 등 믿을 만한 집단이 발표한 보고서나 자료 따위는 참인지 거짓인지 검증할 수 있다. 다만, 국가가 발표한 자료라도, 예를 들어 1980년 이전에 발표한 농업 통계는 통계학적으로 정확성을 인정하기 어려운 행정 자료에 가까운 것이어서 과학적으로 증명하는 데에 사용하기 어렵다. 누가, 언제, 어디에 발표하였는지 알 수 없는 자료 또는 주관적으로 서술한 자료로는 증명하기 어렵다.

[7] 제삼자가 참인지 검증할 수 있는 자료라야 증명 자료로 사용할 수 있다. 학위 논문, 학술지의 논문 따위는 심사 위원들이 검증한 자료이다.

[8] 내 글이 최신 창작물임을 나타내려면 시의 적절한 자료를 사용해야 한다. 낡은 자료를 사용하면 옛날얘기 취급을 받을 수 있다.

[9] 이차 인용자가 27쪽의 (1), (2)처럼 전거를 잘못 적은 글도 있다.

신문 기사는 참일 수도 있고 오보일 수도 있고, 추측이나 그럴싸한 허구일 수도 있다. 인터넷이 정보의 바다라지만 쓰레기장일 수도 있다. 여기에는 육하원칙을 지키지 않았거나 주관적인 글도 흔하다.

□ 신문 기사에 의해 '…이 사실임'이 밝혀졌다.

□ 선조가 (은어를) 도로 묵이라고 해라 하고 일렀다고 한다. 여기서 '도루묵'이라는 말이 나왔다고 한다(인터넷).

※ 이는 전형적인 민간어원이다. '도루묵'이 16세기 문헌에 '돌목'으로 나오므로 '도루묵'은 '돌목'에서 변한 말이다(홍윤표 2003).

※ 민간어원(民間語源) 언어학적 방법이나 사실을 바탕으로 연구되지 않고, 민간에서 속설로 믿어지고 있는 어원. 임진왜란 전에 발간된 책에 '행주치마'라는 말이 있는데도 임진왜란 때 행주(幸州)에서의 싸움과 관련지어 유래를 설명하는 것 따위이다(표준).

"-고 하더라"는 말을 '참인지 거짓인지 검증하지 않고 들은풍월 그대로 옮기면[부화뇌동(附和雷同)]' 잘못을 퍼뜨리는 원인이 되기도 한다.

□ 예전에는 딸을 낳으면 오동나무를 심었다가 결혼할 때 오동롱을 해 주었다고 한다(국어사전).

※ 오동나무는 생장이 빠르므로 습기 많은 일본에서는 딸을 낳으면 오동나무 몇 그루를 심는 풍습이 있었는데 …, 우리나라에는 그런 기록이 없다(산림청 임업연수원 1988, 204-205).

□ 된장은 묵을수록 맛있다고 한다.

* "묵은장 맛[속담]"이라고, 간장은 묵을수록 맛이 깊어진다. 그러나 "묵은장 쓰듯 한다[속담]"고, 된장은 너무 묵으면 질이 낮아진다.

남의 글을 무조건 베끼다가 오류까지 베낄지도 모른다.

□ [본문] 수리산의 남으로 뻗은 줄기는 …. 또 한 줄기는 동남으로 뻗어 수원부의 여러 산이 되고 …. 그 사이에는 금수산(錦繡山)*이 있는데 …. 금수산의 다른 줄기는 다시 서쪽으로 달려서 ….

[주] 충북 단양군에 있는 산. 높이는 1016m이고 ….

* 수리산과 수원부 사이는 경기도이다. 번역문에 있는 '금수산'과 주로 설명한 '금수산'은 다른 산이다.

내용이 충분하지 않은 자료도 있고, 필자가 착각이나 실수로 잘못 적은 자료도 있다. 사전에도 잘못이 끼일 수 있다. 특정 자료를 인용하려면 먼저 관련 자료를 충분히 수집하고 각 자료를 대비하여 정확한지 검토해야 한다.

(1) 'economy'를 번역한 '經濟(경제)'는 '經世濟民'에서 따온 말이라고 한다.

※ [1] 다자이 슌다이(太宰春臺)는 '經世濟民'이라는 사회 전반에 걸친 개념 '經濟'를 —1729년의 저서 「經濟錄」에서— 일본 최초로 사용했다(丸山眞男, 加藤周一 1998).

[2] 정도전은 1395년 「경제문감(經濟文鑑)」이란 책을 짓기도 하였다. …. 현대 국어에서 나타나는 '경제'라는 단어의 어형만은 전통적 한자어에 속하며, 그 의미는 일본에서 차용된 결과로 해석된다(송민 2000).

(2) 채: …. 한 채는 (가공하지 않은) 인삼 100근이다(국어사전).

* 서울약령시장과 강화도 상인들은, 수삼은 스무 냥(=750g)이 한 채라고 대답하였다. 소비자와 상인은 수삼을 주로 '채' —더러는 '근(=6000g)'— 단위로 사고판다(성명환 등 2004 참고).

(3) **너새집**: 돌 조각으로 지붕을 올린 집. ≒너와집. (표준)

* 사전에 있는 삽화는 붉은 소나무 조각으로 지붕을 덮은 집이다.

- **너와집**: 지붕을 붉은 소나무 조각으로 덮은 집. 너와는 200년 이상 자란 붉은 소나무 토막을 길이로 세워 놓고 쐐기를 박아 쳐서 잘라 낸 널쪽. …. 너와집은 귀틀집이나 샛집처럼 화전민이나 산간지대의 주민들이 짓고 사는 집으로, …, 강원도 삼척군 도계읍 신리에 3채가 남아 있어 중요 민속자료 33호로 지정되었다. (EnCyber)

(4) **칠분도미**(七分搗米)명 현미를 찧어서 **원무게의 7할**을 깎아 낸 쌀.

→ 무게 기준으로, 쌀의 속껍질과 씨눈 ―현미 무게의 약 8%― 의 10분의 7[=7분]을 쓿어 낸 쌀.

* 쌀눈이 없는 백미(白米)는 대개 11～13분도미이다. 청주를 빚을 적에는 17분도미를 쓰기도 한다.

(5) 표준어 규정은 (ㄱ)을 복수 표준어라고 하였는데, 「표준국어대사전(ㄴ)」은 고린내와 코린내를 다른 단어로 다루었다.

(ㄱ) 구린내/쿠린내	고린내/코린내	
(ㄴ) 구린내≒쿠린내	고린내	코린내

증명에 사용하려는 자료가 하나뿐이면 일차로 경험, 연상, 추리로 인용할 가치가 있는지 판단한다. 보기를 들면, '이바지'가 잔치[宴]와 관련 있는 말임을 알고 있으므로 (6)이 잘못일 것으로 추리하고, 전자국어사전에서 '옥(獄), 밥'과 연관된 말을 검색하여 '구메밥'을 찾았다.

(6) 옥에 들여보내는 음식을 **이바지**라 했다. (학자의 저서)

→ 구메밥: 옥에 갇힌 죄수에게 벽 구멍으로 몰래 들여보내던 밥.

(7) "짐은 곧 국가이다.(I am the State.)" (고등학교 세계사)

* 루이(Louis) 14세가 영어로 말했을까?

6. 논문 작성 지침을 좇았다

같은 용어를, 뉘는 이리 아무개는 저리, 이 책은 이리 저 책은 저리 적으면 필자, 교열인, 인쇄인, 독자 모두가 헷갈리므로 어느 하나로 통일하여 적어야 한다.

삼십 칼로리 30칼로리 30Kcal 30kcal 30Cal

서적을 발행하는 기관이나 단체는 필자, 교열인, 인쇄인, 독자가 서로 의사를 정확히 소통할 수 있도록 35-36쪽과 같은 사항을 통일하여 적는 기준 서식(書式)을 **지침**으로 정하고,[10] 이것에 맞추어 편집과 표기의 통일성을 유지한다. 그러므로 학술지에 기고할 원고는 자기의 방법을 기준으로 삼지 말고 발행 기관이 요구하는 지침과 투고 규정 따위를 지켜야 한다.

※ 투고 요령을 충실히 준수하지 않아서 학회지에 적합한 글이 아니다(심사자).

※ 독자와 의사소통의 편의성을 고려하여 수식에 번호를 붙이는 등 논문의 기본 서식을 갖추어야 좋을 것이다(심사자).

대학생이 리포트를 쓸 때에는 과제를 내 준 교수의 취향이나 연령 따위도 참작해야 한다. 잔글자를 못 보는 분께는 큰 글자로 적는 방법도 요령이다.

---

[10] 서양의 학회들은 이 지침을 일반적으로 'style manual'이라고 이른다. 한국의 대학들은 이 지침을 일반적으로 '논문 작성법'에서 다루고 있다.

자료 3. 논문 작성 지침 (보기: 이성복 2007b에서 고름)

■ 어문에 관한 사항 (바른 표기의 기준)

1) 어문 규정과 「표준국어대사전」을 좇아 표기한다.
2) 예사말(-하다, -하였다)을 기본 문체로 사용한다.
3) 문장은 육하원칙을 좇아서, 되도록 능동문으로 적는다.
4) 국내 지명은 행정 명칭 대신 일반 명칭으로 적을 수 있다.

   서울특별시 서울시 서울

5) 외국어는 로마자로 직접 적지 아니하고 '외래어 표기법'을 좇아 한글로 적되, 필요하면 소괄호 안에 로마자를 아울러 적는다.
6) 로마자로 적는 말의 대문자·소문자는 해당 언어의 표기법 — 사전에 표기된 — 대로 적는다.

   보이지 않는 손(invisible hand) 피츠버그(Pittsburgh)

7) 국제기구의 이름을 본문에 처음 적을 때에는 온전한 이름을 머리글자와 아울러 적는다. 두 번째부터는 머리글자로만 적을 수 있다.

   관세협력이사회(Customs Cooperation Council: CCC)

8) 외국의 지명과 책 이름을 준말 또는 머리글자로 적지 아니한다.

   Mass. → Massachusetts

   A.J.A.E. → *American Journal of Agricultural Economics*

■ 사람 이름 적기

1) 사람의 이름을 국어로 적을 적에는 어문 규정을 좇는다.
2) 외국 사람의 이름을 로마자로 적을 적에는 그 나라의 표기 관례를 좇는다.

■ 표제, 소표제 따위를 배열하는 방법

1) 장 표제는 좌우 중앙에 배열한다.

2) 그 나머지 표제는 모두 왼쪽에 배열한다.

■ 표 · 그림의 모양과 배열하는 방법

1) 그림과 표는 되도록 해당하는 면의 하단에 배열한다.

2) 표의 좌우에는 선을 치지 않는다.

■ 인용 방법, 주(註) 다는 방법, 문헌 작성 요령

1) 인용 사항은 본문주로 밝힌다.

2) 부연 설명하는 내용은 각주로 밝힌다.

3) 동양서는 낫표(「 」)로, 서양서는 이탤릭체로 나타낸다.

* 한글, 한자, 가타가나로 적은 책은 동양서라고 이르고, 로마자로 적은 책은 서양서라고 이르기로 한다.

4) 논문, 소책자, 세미나 자료, 워킹페이퍼 따위는 큰따옴표(" ")로 나타낸다.

5) 문헌 목록은 동양서를 가나다순으로 배열한 다음에 서양서를 영어 알파벳순으로 배열한다.

■ 부호, 기호, 준말

1) 다음과 같은 말은 본문주로 이른다.

같은 곳	같은 책	상게서	앞의 책	전게서
ibid.	loc. cit.	op. cit.		

2) 다음 왼쪽 말은 오른쪽과 같이 적는다.

기가, giga-($\times 10^9$) → 10억 (배), 3GA[영문 서적에서]

칼로리(열량 단위) → kcal

제2장

알아보기 쉽고

독자는 새로운 지식, 정보, 즐거움 따위를 얻으려고 특정한 내용이 담긴 문자 매체를 고를 것이다. 독자는 자기가 바라는 조건을 갖추고 알아보기 쉬운 글을 좋아할 것이다. 논문 심사자들이 "논문에 적합하다"고 의견을 제시한 글들은 거의가 알아보기 좋은 글이다.

필자는 '자기의 의사, 견해 따위가 창의적이고 옳음'[무엇=주제]을 '독자'[누구]에게 '인정받으려고'[왜] 적절한 양식을 갖춘 글 —소설, 시, 논설문, 논문 어떤 글이건— 로 표현하여 문자 매체에 발표할 것이다. 독자에게 좋다고 인정받으려면 우선, 무슨 소리인지 알아보기 쉽게 써야 한다.

상대가 글을 읽고 '**무엇을, 누구에게, 왜 말하는지**' 알아야 필자의 견해에 공감하든 말든 할 것이다. 자기가 쓴 글을 논문으로 인정받으려면 심사 기준에 맞추어 줄거리를 구성하고, 자기의 견해가 드러나게 서술해야 한다. 그리고 '무엇이 새로운지, 왜 말하는지' 심사위원들이 쉬이 알아보게 쉬운 문장으로, 논리적으로, 구체적으로 서술해야 한다.

1. 줄거리가 일목요연하고

독자는 글 전체와 읽고 있는 부분의 관계를 파악하면서, 다음에 나올 내용을 예상하면서[흐름], 생략한 내용을 추론하면서, 서술 내용을 자기대로 재구성하면서 필자가 말하려는 바를 알아본다. 독자가 이렇게 읽을 수 있는 글들은 대개 아래와 같은 순서로 차근차근 서술하였다. 이런 글을 쓰려면 먼저 주장하려는 내용을 충분히 이해하고 '줄거리와 가지'[=차례]를 머릿속에서 가지런히 간추려야 한다.

- 줄거리[상위 개념], 가지, 잔가지[하위 개념]의 순서*
- 시간적인 순서, 공간적인 순서,** …

* 예를 들어, '토끼의 특징'이 장 표제이고 '동물의 특징'이 절 표제이면 두 부분이 서로 짝이 맞지 않거나 논리적인 결함이 있을 것이다.
** 머리에서 발끝이건 발끝에서 머리까지이건 일정한 순서로 서술하였다.

아래 보기 글은 줄거리와 가지 —장, 절, 항— 는 서술하지 않고 잔가지만 서술하였다. 이처럼 줄거리[=벼리]가 없이 잔가지만 모은 글은 전체와 부분, 부분과 부분의 관계를 파악하기 어렵다.

보기: 알아보기 어렵게 짠 글

제1장 논리적인 글에 어울리는 문장
1. '무엇을, 왜, 누구에게'가 뚜렷한 글
1.1. 주제와 벼리가 분명한 글
가. 주제가 뚜렷한 글
글의 주제는 관찰한 대상의 인과 관계이자 서술 소재이며, 글의 '알맹이'이다. 벼리는 관찰한 과정과 결과 따위이며 꼭 알려야 할 …

글 전체도 그러하고, 글의 각 덩어리 —장, 절, 항, 단락— 도 다음과 같이 구성되어 있어야 읽기 좋다.

1) ‘시작/연결하고, 전개하고, 맺는’[기승전결] 말로 구성되어 있다.
   ※ “큰 단락도 한두 문장으로 간단하게 그 부분을 결론 맺는 것이 좋겠다(심사자).” 서술 방식 —두괄식, 미괄식, 중괄식, 양괄식— 은 서술 내용에 맞추어 선택한다. 이를테면, 잔가지가 여럿인 내용 또는 여러 가지 원인을 열거하는 내용은 ‘결과를 앞부분에 서술하면’[두괄식(頭括式)] 알아보기 좋다.[11]
2) 글 각 덩어리의 분량이 균형 있게 나뉘어 있고,[12] 서술이 어느 한 부분에 몰려 있지 않다.
3) 한 문단은 두 문장 이상으로 구성되어 있고, 열 줄을 넘지 않는다.

논문은 16-17쪽과 같은 줄거리가 논리적으로 연결되어야 한다. 표제와 서술 내용이 제각각이면 글의 주제와 논리가 모호해진다.

- 서론, 본론, 결론의 주제가 제각각인 글. 이를테면 서론에서는 “쌀의 문화적 가치를 논하겠다”고 말하고 본론에서는 ‘경제적 가치’를 다룬 글. 또는 서론에서는 ㄱ이라는 방법으로 분석하겠다고 말하고 ㄴ이라는 방법으로 분석한 연구.

※ 결론 부분에서 ‘발전 방향’은 조사 결과와 연계하여 제시해야 하며, 확대해석은 자제하여야 한다(심사자).

---

[11] 다만, 문장은 원인과 결과의 순서로 서술하여야 한국어에 어울린다.

[12] 예전에는 글을 장, 절 따위로 가르지 않고 줄줄이 이어 적었다. R. 스티븐스가 1551년에 장과 절로 나눈 신약성경(그리스어 판)을 출판하였는데(EnCyber), 전보다 알아보기 좋아졌다.

동화에서, 나무꾼이 잠시 옥황상제가 되어 동풍과 서풍이 동시에 불게 하여 회오리바람이 일어났다. 논문에서도 자기의 견해를 일관성 있게 주장해야 한다. 앞뒤에서 상반된 말을 하면 주제가 모호해진다.

△ 근로자의 복지를 위해 소비자 물가 상승분만큼 **임금을 올려야 한다.** / 기업의 경쟁력 강화를 위해 **임금 인상을 억제해야 한다.**

□ 두세 기업이 **과점**하면 가격을 담합할 위험성이 있다. / 대여섯 기업이 **난립**하면 서로 제 살 베어 먹기 식 경영을 할 염려가 있다.

※ "……."라는 문장은 이 논문이 주장하려는 바와 **180도 반대되는 내용이다**(심사자).

전문가가 독자인 글 —논문, 보고서 따위— 에서 아래와 같은 내용은 군더더기이다.

1) 앞뒤에서 중복 서술하거나 표, 그림, 본문으로 중복 서술한 내용[13]
2) 있으나 마나 한 말, 또는 상투적인 말
   - □ 우리나라에서 가장 큰 항구 도시인 부산은 ….
   - □ 경제가 발전하여 소득이 증가하고 …, 소비가 고급화되어 ….

※ … 표나 그래프 어느 하나만 사용하는 것이 좋겠다(심사자).

※ 시사점과 결론 부분의 내용이 중복되었다. 이 내용은 이 연구 고유의 결과가 아니라 다른 연구에서 밝혀진 것들이 대부분이므로 중복해서 서술할 필요가 없다(심사자).

※ 결론에서 말한 '… 등'은 이 연구의 주제와 별 관계가 없다. 이 연구에서 분석한 내용만을 언급해야 한다(심사자).

---

[13] 표, 그림, 수식(數式) 따위도 서술 수단이다.

이야기가 가지에 가지를 치면 주제에서 벗어나기 십상이다.[14] 필자는 자기의 글에 있는 말을 모두 보배로 여기겠지만 곁가지를 쳐 내면 줄거리가 훤하게 드러나고 글의 앞뒤가 매끄럽게 연결된다.[15]

어제 일을 서술하다가 달포 전의 일을 서술하면 독자는 어느 일이 먼저 일어났는지 판단하기 어렵다.[16] 특별한 의도가 없으면 **시간적인 순서**로 서술하여야 독자가 이해하기 좋다.

□ 시간과 공간을 뛰어넘어 <u>타임머신을 타고</u> 1천2백 년 전의 삼차원 세계로 들어가 장보고의 얼굴을 직접 내 눈으로 …(소설).

* 시간과 공간을 뛰어넘은 다음에 타임머신을 탔다는 표현이다.

횡설수설하는 글을 써 놓고, 독자가 달은 아니 보고 손가락을 본다고 탓할 바가 못 된다. 필자가 달을 생각하면서도 손가락이라고 쓴 내용, 또는 저도 모르는 것을 달이라고 가리킨 내용도 있을 것이다. "**자기가 가장 잘 아는 글을 써라**(윤후명 2006)." 잘 모르는 글을 쓰면 횡설수설하는 글이 된다. 번역도 마찬가지이다.

□ "**치마** 사면 영화 공짜" 영화표를 내걸고 아낙네들을 유혹한 <u>라이온</u>**치마**의 광고 [기자가 새 책을 소개한 글]

入場하실이는「라이온」치마분大袋二個를持參하여入口에뵈이시면

---

[14] 보기를 들면, '인쇄와 「직지심경」'을 서술하면서 불교를 서술하다가, …, 석가모니의 탄생을 서술하면 자칫 빗나가는 이야기가 될 수 있다.

[15] 부연 설명하는 말을 각주로 서술하면 글이 곁가지를 치지 않는다.

[16] 기독교 성경은 여러 경을 하나로 묶은 경이고, 이 경과 저 경이 서술하는 내용이 시간적으로 서로 중복되기도 한다. 이 때문에 헷갈리는 독자가 있을 것이다.

無料入場합니다 [광고 원문](입장하실 이는「라이온」치마분 큰 포장 두 개를 지참하여 입구에 보이시면 무료입장합니다.)

* 치마분(齒磨粉) ≒치분. 가루로 되어 있는 치약.
* 기자가 치마분을 왜 거듭 '치마'라고 이르며 아낙네와 연관 지었을까? 혹시, 치마분을 입는 치마로 넘겨짚은 것은 아닐까?

※ 외국에서는 '명쾌하고 논리적인 명저'로 이름을 떨친 책이다. 하지만 번역판은 … 요령부득의 표현이 가득하다. …. '버린다'를 '쓴다'로, '…'를 '…'로 반대로 옮긴 결과 전체 문맥의 의미가 통하지 않게 돼 버렸다. (조현욱 2003. 2. 22.「중앙일보」. B1)

※ 한학자 윤의원 씨는 2006년 제25회 대한민국 미술대전 서예 부문 입상작 도록을 보고 10여 점에서 글자나 내용이 틀린 것을 발견하였다. …. 윤 씨는 "글을 이해하지도 못하면서 그림 그리듯 글씨 모양만 흉내 내는" 관행을 안타까워하였다.

(정재숙. 2006. 5. 16.「중앙일보」. 3면)

자기가 배운 내용을 충분히 이해하고 요점[줄거리]을 잘 정리하는 사람은 공부도 잘 하고 남을 가르칠 수도 있을 것이다. 글 쓰는 요령도 그림 그리는 요령도 공부하거나 남을 가르치는 요령과 다름없으리라.

※ "머릿속에 완벽히 그려질 때까지 같은 산에 일고여덟 번이라도 오른다." (손장섭(孫壯燮). 제10회 '이중섭 미술상'을 받음)

연구 기관의 연구자들은 '연구 대상과 범위, 필요성, 방법, 기간 등' 16-17쪽과 같은 줄거리로 연구 설계서를 짜고, 여러 연구자들과 설계서가 타당한지 토의한 다음에 연구를 시작한다. '주제와 내용' —무엇을, 왜, 누구에게 말해야 하는지— 을 이해하고 머릿속에서 정리한 다음에 쓴 글이어야 독자가 '무슨 말인지' 알아보고 공감할 것이다.

2. 무엇을 누구에게 왜 말하는지 알 수 있고

논문은 '**무엇을 왜 말하려는지**'로 시작하여 '**왜 그러한지**' 증명하는 말로 매듭짓는 글이기도 하다. 곧, 왜 연구하였는지, 왜 그런 연구 방법을 선택하였는지, 왜 그러한지, 무슨 의미가 있는지 밝혀야 논문으로 인정받을 것이다.[17] 뜬금없이 "**-고 하더라**"고만 전달하거나(1), 현상의 한 어섯만 말하면(2) 주제가 무엇인지, 왜 말하는지 알 수 없는 글이 된다. 인과관계를 증명하지 않고 이것저것을 죽 늘어놓으면 **도막 지식을 나열한 글**이 된다.

(1) ○○ 병원 의료진이 암 환자 ○○명을 대상으로 상황의 효능을 실험한 결과, 상황을 투여한 집단이 투여하지 않은 집단에서보다 암 치료 효과가 ○퍼센트 높은 것으로 밝혀졌다고 **한다**(방송).

※ 상황을 투여하지 않은 집단보다 투여한 집단에서 암 치료 효과가 높았다. 그러나 어떤 성분이 어떤 암에 어떻게 작용하는지, 부작용은 없는지 등 아직까지 **증명된 것이 없다**(의사의 말).

(2) 학력 분포는 표와 같이 … 중학교 졸업이 22명(33%), 고등학교 졸업이 10명(15%), 무응답이 3명(4.5%)으로 나타났다.

※ 조사 결과치만 나열하였다. **그래서 어떻단 말인가**(심사자)?

※ '**왜**' 이 연구를 하였는지 문제의식을 알기 어렵다(심사자).

※ **주장**하고자 하는 바가 무엇인지 불분명하다(심사자).

※ **결론**과 **의미**를 알기 어렵다. 게재하기 부적합하다(심사자).

---

[17] 논문 심사 기준(13-14쪽 참고)을 충족하지 못하여 반려된 글의 상당수는 '주제가 무엇인지, 왜 말하는지' 제대로 서술하지 못하였다.

자료를 분석하여 얻은 결과를 객관적인 기준이나 증거를 제시하면서 **해석하고, 의미가 무엇인지, 다른 학자의 견해와 무엇이 다른지** 설명해야 한다. 이러한 과정 없이 "-은 문제이다" 또는 "개선해야 한다"고 무조건 주장하면 주관적인 글이 된다.

(3) …하는 것은 문제이다.
(4) 개선해야 할 사항은 다음과 같다.
① … ….
② … ….
※ 조사 결과치의 기술적 통계량(평균, 표준편차, 최대치, 최소치 등)을 제시해야 한다(심사자).
※ 조사 방법, 점수화 기준 등을 거의 설명하지 않았고, 조사 결과를 논리적으로 설명하지 못하였다(심사자).

결과가 어떻게 될지, 소설처럼 **독자의 상상이나 판단에 맡기는** 서술법은 논리적으로 증명하는 글에 어울리지 않는다.

※ 여러 모형을 사용하는 이유는 각 결과를, 또는 모델의 적합성 등을 비교하려는 것이다. 그냥 결과치만 제시하였는데, 그래서 **어떤 결과치를 사용하라는** 것인가(심사자)?

논문으로 인정받으려는 내용[≒의도·메시지]은 '나의 가설이 새로운 것이며 타당하다' 또는 '나의 연구 방법이 기존 방법보다 낫다'이다. 논문은 기존 이론을 토대로 써서 객관적으로 검증받은 글이므로 학문적으로 **수준이 높은** 글이고, 논문으로 말할 상대는 **지음**(知音)[=심사위원, 학자 등]이다. 행여, 상대가 못 알아볼까 교과서 같은 자료를 늘어놓으면 **교과서 수준**인 글로 보이기도 한다.

1) 교과서에 실린 수식의 전개 과정과 설명을 그대로 옮긴 글
※ 이 원고는 통계학의 일반 또는 기초 이론을 너무 많이 설명하였다. 생략하거나 각주로 처리해도 무방할 것이다(심사자).
2) 초등학교나 중학교 교과서에 나옴직한 내용
□ 우리나라에서 유일하게 바다에 접하지 않은 충청북도는 …
□ 세계에서 가장 작은 대륙에 있는 오스트레일리아는 영국 연방의 자치국으로서, 동은 태평양에 접해 있고, ….

정책 실무자나 여느 사람이 볼 글에서는 이론 위주의 내용 또는 (5)나 (6)과 같이 막연한 주장은 '그냥 해 보는 소리'와 다름없다.

(5) … 방안이 마련되어야 한다.
(6) 후계자 확보가 가능하기 위해서는 학교 교육이 개혁되어야 한다.

여느 사람이 볼 글을 어려운 용어로 이르거나 알아보기 어렵게 서술하면 저만 아는 글 또는 혼자 중얼거리는 글이 된다. 1980년대 초, 한 기관이 농민들에게 홍보지를 보냈는데, 한 농민이 이렇게 말하였다.

> 이거 농민들 보라고 보내는 뉴스요, 농민들 놀리려는 뉴스요? 이렇게 한자를 까맣게 섞어 쓰면 몇 사람이나 알아보겠소?

독자의 지식수준보다 너무 높거나 낮은 내용, 독자가 원하는 정보와 동떨어진 내용은 쓸모가 적다. 이런 내용이 많으면 출판 비용 —1000부를 경인쇄하면 1쪽에 약 1만 6000원가량(2006년 기준)— 도 그만큼 많이 들고, 독자도 품과 시간을 허비하게 된다. 좋은 글을 쓰고 싶으면 "나는 무엇을, 누구에게, 왜 말하는가?"를 수시로 자문해야 한다.

3. 표제를 보면 주제를 알 수 있고

독자는 표제를 보고 해당하는 부분의 주제와 내용을 짐작한다. 장, 절, 항 따위의 표제(標題)를 모아 놓은 차례는 글의 줄거리이다.[18] 표제를 알아보기 나쁘면 해당하는 부분의 내용도 글의 줄거리도 짐작하기 어렵다. 논문, 보고서 따위의 **표제에는** '연구 결과'보다 **연구 주제나 연구 방법**을 알리는 말이 어울린다.

□ 새마을운동의 성공 요인

→ 주민 참여가 새마을운동에 미친 영향

※ 제목이 <u>내용</u> 또는 <u>주제</u>를 충분히 표현하지 못하였다(심사자).

표제에 '성공, 실패, 왜곡, 문제'처럼 **판단하는 말**이 있으면 결론에 꿰맞추는 말로 보이기도 한다. 의문형 표제는, 필자가 스스로에게 제기한 문제이지만 독자는 '너는 모르지'라고 묻는 말로 새기기도 한다.

□ 기술 인력의 **부족**으로 인한 **문제**

→ 기술 인력 수급이 …에 미치는 영향

※ '문제, 모순'이라고 하였는데 과학적으로, 객관적으로 분석하고 하는 말인가(심사자)?

□ 중소기업은 정책에서 소외당하고 있는가?

→ 정부가 중소기업을 지원하는 실태

---

[18] 이 책에서는 '표제(標題)-표제어-표지'로 용어를 일관성 있게 쓰려고 '제목' 대신 '표제'라고 일렀다.

표제의 어순도 우리말 구조와 어울려야 하고 어법에 맞아야 한다. 표제는 전후 사정 설명 없이 덩그러니 드러난 말이므로 조사나 어미를 지나치게 줄이거나(1), '의'를 남용하거나(2), 준말을 잘못 사용하면(3), 또는 표현이 어설프면 여러 가지로 해석되기도 한다(4).[19]

(1) 전망 없는 기업 강제 구조 조정

① 기업 구조 강제 조정은 전망 없어

② 전망 없는 기업을 강제로 구조 조정

(2) 중소기업**의** 경영지원**의** 추진**의** 문제

→ (…가) 중소기업 경영을 지원하는 실태

(3) 이사 가도 편지 **절로** 와요.

→ 이사 가도 (이사 간 집으로) 편지(가) <u>저절로</u> 와요.

(4) 「자연친화적 산지개발을 위한 경제성 제고 방안」(보고서 이름)

① 산지를 자연 친화적으로 개발하기 위해 경제성을 높이는 방안

② 경제성을 높여 산지를 자연 친화적으로 개발하는 방안

③ 경제성을 갖추어 산지를 자연 친화적으로 개발하는 방안

* 이 보고서를 읽어 보니, 필자의 의도는 ③인 듯하다.

표제는 명사형이 아니라도 괜찮다(5).

(5) 압록강은 흐른다

논리야, 놀자

오렌지 향기는 바람에 날리고

* 마침표: 표제어나 표어에는 쓰지 않는다(한글 맞춤법).

---

[19] 표제가 알아보기 어려우면 해당하는 내용에 잘못이 있을 가능성이 높다. 그래서 전문 교열인들은 차례부터 살핀다(49-51쪽 참고).

표제가 짤막하면 한눈에 띈다. 「뉴욕 저널(*New York Journal*)」은 미국이 스페인에 선전 포고하자 제1면을 'WAR' 한 단어로 채웠다(박유봉 등 1987, 67). 황색 저널리즘을 다룬 이야기이지만 한눈에 띄는 표제의 보기이기도 하다. (6)과 같은 말, 또는 괄호 안에 병기한 말 따위를 들어내면 표제가 눈에 잘 띈다.

(6) …**에 관한** 연구[20] /…**에 관한** 일 고찰
(7) 수입국영무역(<u>Importing STEs</u>) → 국영 수입 무역

논문 표제나 장(章) 표제를 간추려서 페이지 번호 옆에 적는 말—**면 표제**—은 찾아보기의 한 가지이므로 눈에 얼른 띄게 짧게 적고, 부제를 빼는 것이 국제 출판계의 관례이다.[21]

□ 21세기에 대응한 농수산물 유통개선 대책 연구
→ 농수산물 유통개선 [면 표제]
□ An Analysis of the Korean Meat Demand System: ….
→ Meat Demand System [면 표제]

---

[20] '…**에 관한 연구**'가 붙지 않아도 독자는 연구임을 알아본다. 이런 말 때문에 책의 표제가 길게 늘어지면 독자가 한참 읽어야 하고, 작은 글자로 적어야 하므로 표지를 보기 좋게 꾸미기도 힘들다.

[21] '면 표제'는 'headline; header'를 번역한 말이다. 영문 서적은 가로짜기를 하므로 'headline'이 해당하는 쪽의 머리(맨 위)에 놓인다. 이것이 세로로 짠 책에서는 맨 오른쪽과 맨 왼쪽에 놓이는데, 일본인은 이것이 양쪽에서 기둥처럼 받친다고 '柱(はしら: 하시라)'라고 번역하였다. 우리는 일본에서 서양식 인쇄 기술과 용어를 받아들여 오랜 기간 세로로 조판하였고, '하시라'라는 말을 '面柱'라고 다듬었다. 그러나 면주는 세로(기둥) 개념이므로 가로로 조판한 책에 어울리지 않는다. '한글과 컴퓨터사'가 옮긴 '머리말'은 序文[머리말]과 혼동된다.

자료 4. 주제나 내용을 짐작하기 어려운 표제 (보기)

❶ 적절하지 않은 용어를 사용한 표제

□ 외식산업의 **범위** 확대

* 글의 내용은 '외식산업을 확대한다'는 의미가 아니라 어디까지 '외식산업'으로 다루어야 할 것인가이다.

→ 외식산업의 개념 확대

□ 영농작목에 따른 **연령 분포**

* 조사 대상자들은 연령대에 따라 주로 농사짓는 작목이 달랐다.

→ 연령대별로 주로 농사짓는 작목

→ 연령대별 주 영농 작목

□ 개인 **특성**에 따른 교육 내용 요구 **차이**

* 필자는 이 표로 영농 작목, 재배 규모, 영농 경력, 성별에 따라 영농인이 요구하는 교육 내용이 무엇인지 설명하려고 하였다.

→ 영농인이 요구하는 교육 내용

❷ 성분 —주어, 목적어, 서술어 따위— 이 빠진 표제

□ 정부통계의 이용 현황

→ 소비자가 정부 통계를 이용하는 현황

□ 가구주 연령별 외식비 지출액

* 표에서는 가구주의 연령대별로 외식비 지출액을 조사하였다.

→ 가구주 연령대별 외식비 지출액

□ 일본의 연간 매출 현황

→ 일본 (누구의) 연간 (무엇) 매출 현황

□ 주이용통계의 개선사항

→ (누가) 주로 사용하는 통계에서 개선할 사항

□ 국내시장영향분석

→ (무엇이) 국내시장에 미치는 영향 분석

□ 일본의 신규 취농자 추이

→ 일본의 신규 취농자 (수) 변화

❸ '언제'인지 알 수 없는 표제

□ 최근 3년간 신규등록 업체 수

* '최근 3년간'은 2003-06년일 수도 있다.

→ 신규등록 업체 수, 2001-04

❹ 어순이 바르지 않은 표제

□ 여주농전의 졸업생 취농 현황

→ 여주농전 졸업생의 취농 현황

□ 잠재적 식량 생산 기반

→ 식량 생산의 잠재적 기반

□ 주요 지역발전이론 및 그에 따른 농촌개발전략

→ 농촌 개발 전략에 적용된 지역 발전 이론

❺ 서로 짝이 맞지 않는 표제

□ 단기적 개선 방안 : 중·장기 개선 방안

→ 단기 개선 방안 : 중장기 개선 방안

❻ 군말이 붙은 표제

□ 전문 언론기관

* '전문 언론기관'과 대비되는 말은 '비전문 언론기관'이다.

→ 언론 기관

□ 모형별 탄력성의 종합

→ 모형별 (무엇의) (무슨) 탄력성

□ 농업취업자의 연령구조곡선 추이

→ 농업취업자의 연령 구조 변화

❼ 문장 부호를 잘못 쓴 표제

□ 전, 후방통합

→ 전후방 통합

□ 설문조사 기간·방법·응답 현황

→ 설문조사 기간, 방법, 응답 현황

□ …의 지역별·사업체유형 구성비

→ …의 지역별, 사업체 유형별 구성비

❽ '의'를 오용한 표제

□ 농업인들의 교육의 효과성에 대한 인식

→ 농업인이 생각하는 교육 효과

□ <u>고마진의</u> 백화점

→ 마진율이 높은 백화점

❾ '및'을 남용한 표제

□ 연구 범위 <u>및</u> 방법

* '연구 범위'와 '연구 방법'을 아울러 이른 표제이다.

→ 연구 범위와 방법

□ 제조업 공장 수 <u>및</u> 생산액

→ 제조업 공장 수와 생산액

4. 쉬운 문장, 쉬운 글로 썼다

"글의 내용이 좋으면 되었지 …." 그러나 뜻을 알아볼 수 있어야 내용이 좋은지 알 수 있다. '좋은 글은 보배[진보(眞寶)]'라지만 뜻을 알아볼 수 없으면 흰 것은 종이이고 검은 것은 글씨일 뿐이다. 알아보기 어렵게 써서 학술지에 적합하지 않다는 판정을 받기도 한다.

※ "외국인이 쓴 것 같습니다. 전반적으로 문장을 다시 작성해야 할 것 같습니다. **한국어 잘 못 쓴다고 반려하면**(심사자)**?**"

내용은 같은데 어떤 문장은 알아보기 쉽고 어떤 문장은 알아보기 어렵다. 이 가운데 독자가 알아보기 쉽다는 문장을 **쉬운 문장**이라고 이른다.

△ 말론과 기룐 두 사람이 다 죽고 그 여인은 두 아들과 남편의 뒤에 남았더라(성경전서 1956).

△ 그러다가 아들 말론과 기룐이 죽으니, 나오미는 남편에 이어 두 아들마저 잃고, 홀로 남았다(성경전서 표준새번역 1993).

쉬운 문장은 **어휘와 어순이 한국어에 어울리고**, 의미가 정확히 드러난다. 쉬운 문장에는 53쪽과 같은 공통점이 있다.

□ 용수를 용수로 사용하다.

□ 용수(湧水)를 용수(用手)로 사용하다.

→ 솟는 물을 사용하다.

쉬운 문장의 공통점(이성복 2007a를 요약)

1) 문장 내용에 적합한 어휘, 되도록 쉬운 어휘를 선택하여
2) 어문 규정을 좇아 바르게 표기하고
3) 문장 구조가 바르고 간결하며
   - 주어, 목적어, 서술어 등 성분을 온전히 갖추고, 각 성분이 서로 호응하여 읽기 좋게 배열되어 있다.
   - 한 문장이 두 줄 —70자— 을 넘지 않는다.
4) 겹말, 덧말, 괜한 말 등 군더더기가 없이
5) 의미가 분명히 드러나고
   - 수식어-피수식어의 관계가 분명하고
   - '-이다/아니다'로 말끝을 분명하게 맺고
   - 둘러말하지 않고
   - 시제 표현이 바르며
   - 문장 부호를 적절히 사용하여
   - 의미가 하나로만, 분명하게 드러난다.
6) 한국어에 어울리는 어휘로 표현하였다.
   - 어려운 한자어는 한글 표기에 어울리는 고유어로 바꾸어 알아보기 쉽게 표현하였다.
   - 외국어 대신 순화어를 사용하여 의미가 분명하다.
7) 어구와 문장이 한국어 어순에 어울린다. 곧, 국한문 투, 일본어 투, 서양어 투 문장이 없다.
   - 조사와 어미를 올바로 사용하였다.
   - '관계 대명사, 동명사, 부정사' 어투가 없다.
   - 사람과 사물의 관계는 주로 사람 중심으로 서술하였다.
   - 사동 의미와 피동 의미를 한국어에 어울리게 표현하였다.

어려운 글의 상당수는 줄거리가 모호하고, 내용도 허술하다. 어려운 글은 상대를 애먹이기도 한다.

※ 퇴고할 부분이 많이 있습니다. 가급적이면 독자의 이해도를 높일 수 있도록 문장을 순화하는 것이 좋을 듯합니다(심사자).

※ 좋은 글은 심사하기도 수월하고 읽는 재미도 있습니다. 그러나 별 내용도 없고 무슨 소리인지 알기 어렵게 쓴 원고는 읽는 일도 고역인데 잘못된 원인까지 일일이 적어야 하니 정말 고역입니다. 저에게 이런 원고의 심사를 제발 맡기지 말아 주십시오(심사자).

닭이 다이아몬드에게, 너는 나에게 보리쌀 한 톨만도 못하다고 하였다(이솝 이야기). 내용이 훌륭하여도, 전문가만 알아보는 글이면 여느 사람에게는 쓸모가 적다. 전문적인 내용을 여느 사람이 읽게 하려면 알아보게 표현해야 한다. 아래는 내용을 충분히 이해하고, 말할 상대가 누구인지 무엇을 말해야 하는지 아는 사람은 전문적인 내용이라도 여느 사람이 알아보기 쉽게 쓸 수 있음을 비유한 이야기이다.[22]

△ 미국에 있는 한 신문사가 아인슈타인의 상대성 원리를 일반 사람들에게 3000단어 이내로 설명하는 글을 모집하였다. 당선자 중 한 사람은 철학자였고, 다른 한 사람은 시인이었다.

---

[22] 전문 서적을 전문가에게 감수를 맡기면 "어려운 단어를 사용하거나 그 분야의 문투로 표현하여 여느 사람이 읽기 어려운 글이 되기도 한다(출판사 사장)." 몇몇 출판사는 일반인을 고객으로 정하고 전문적인 내용을 서적으로 출판할 때에 서술 수준을 대학생이 이해할 수 있는 정도에 맞춘다. 이러한 때에, 대학생에게 알아보기 어려운 용어와 문장 그리고 이해하기 어려운 내용에 표시를 하게 한 다음에 전문 교열인이 문장이나 표현을 다듬기도 한다.

문장삼이(文章三易). **쉬운 글은** 내용이 쉬운 글을 뜻하는 것이 아니라, 독자가 "보기 쉽고, 읽기 쉽고, 알기 쉽다"고 말하는 글이다. 독자는 자신의 지식 · 학문 수준에 따라 읽을 글을 선택할 터이므로 '수준이 너무 높아서 알아보기 어려운 글[곡고화과(曲高和寡)]'은 드물 것이다. 백거이(白居易. 자는 낙천(樂天))는 시를 써서 이웃 할머니가 알아볼 때까지 고치고 다듬은 다음에 발표하였기에 아이들도 그의 시를 읊었다고 한다. 쉬운 글들을 모아 보면 다음과 같은 공통점이 있다.

쉬운 글의 공통점

1) 자기의 독창적인 생각을 꾸밈없이 서술하였다.
2) 문체가 글의 종류에 잘 어울린다.[23]
3) 쉬운 문장으로 서술하였다.
4) 상대의 눈높이에 맞추어 서술하였다.
5) (글의 구성 요소를 옹글게 갖추어) 줄거리가 가지런하고, 곁가지나 군더더기가 (거의) 없다.
6) 육하원칙을 좇아 구체적인 말로 서술하였다.
7) (자기의 견해가 옳음을 논리적으로 밝혔고) 문장 하나하나도 조리 있게 서술하였다.
8) 여러 번 퇴고하고 교열한 다음에 발표하였다.

[23] 감성의 인과를 문학적으로 서술하기에 적합한 문장 양식이 있고, 현상의 인과 관계를 과학적으로 서술하기에 적합한 문장 양식이 있다. 곧, 기행문에 어울리는 문장 양식이 있고, 조사 보고서에 어울리는 문장 양식이 있다. 이처럼 '글의 종류나 내용에 알맞은 문장 양식'을 **문체**(文體)라고 이른다. 한편, 깔끔하고 간명한 글도 있고 복잡하고 길게 늘어진 글도 있다. 화려한 글이 있는가 하면 딱딱한 글도 있다. 이처럼 각 사람의 글버릇으로 나타난 글의 특성을 **문투**(≒글투)라고 이른다.

♧ 심사자가 알아보기 어렵다는 내용

이 면에서 '※'는 심사자의 의견이다.

※ 평가 기준과 선택 대안에 대한 설명이 지나치게 길다. 평가 기준은 앞에서 설명하였고 선택 대안은 대안의 이름만 보고서도 내용을 어느 정도 파악할 수 있다.

※ 표에 있는 수치에 자릿수를 표시하지 않아서 알아보기 어렵다. 소수점도 한 자리 또는 두 자리로 통일하여 적어야 한다.

※ 표나 그림에 국명을 영어로 적었다. 한국어로 적어야 한다.

□ "기존의 정책이 …, 성격의 정책이 …, …성격의 정책이다."

※ 한 문장에 동일한 용어를 3번 반복 사용하였다.

□ 개방확대, 농지가격변화, 변동분석, 농지가격변화추세, 전국단위, 변화분석, 협상타결, 쌀시장개방, 농지가격안정화, ….

※ 위는 적절하지 않게 또는 옳지 않게 붙여 쓴 말이다.

※ "지역별로 농업진흥지역과 개발예정지역의 농지 가격(의 차이)은 … 가장 <u>많게는</u> …, 가장 <u>낮게는</u> …."

※ → 가장 크게는 …, 가장 작게는 …

□ "2003년도의 축산업 생산액은 8.9조 원으로 농업 생산액의 28%를 차지하는 중요한 산업이다"

※ 농업 생산액이 얼마인지도 적어야 한다.

□ "농가소득이 정체되어 있는 농가는 소득 변동도 <u>안정적</u>이다."

※ '안정'이라는 단어 때문에 '농가소득이 정체되어 변동이 없는 것이 바람직하다'는 의미로 해석될 가능성이 있다.

□ "가축 분뇨의 부적절한 처리로 인해 발생되는 <u>여러 가지 문제들, 토양 및 수질 오염 그리고 악취 등으로</u> 인하여 …"

※ → 여러 가지 문제 —토양 및 수질 오염, 악취 등— 로 …

제3장

문체가 논문에 어울리고

"논문을 작성할 때처럼 서론, 본론, 결론의 세 단계로 써 나가는 문체(표준)"를 **논문체**라고 한다. 이런 문체에는 주관적이거나 감성적인 표현이 어울리지 않는다. 논문에는 구체적으로, 논리를 갖추어, 객관적으로, 치우침 없이 증명하는 문체가 어울린다.

글에 육하원칙의 여섯 요소 중 어느 하나라도 부족하면 의사나 정보가 제대로 전달되지 않는다. 이 여섯 요소는 의미가 구체적인 말로 일러야 한다. 의미가 포괄적인 단어로 이르면 막연한 말이 된다.

논리적으로 서술하는 글은, 어느 한 부분이 논리에 맞지 않으면 그 부분부터 설득력을 잃는다. 현상의 모습을 논리적으로 서술하려면 객관적으로 조리 있게 표현해야 한다. 자기의 느낌이나 생각 따위는 객관적 증명 수단이 아니다.

감성적인 말, 단정하는 말 따위가 끼이면 주관적인 문장이 되기도 한다. 미사여구는 번지르르한 말로 보이기도 한다. 듣도 보도 못한 일을 어림으로 지어 서술하면 "쟁반을 두드리는 소리와 비슷한 소리 또는 촛불과 비슷하게 뜨거운 것을 '해'라며 아는 체하는"[구반문촉(扣槃捫燭)] 말이 되기도 한다.

> 과장을 하면서도 분수를 지켜야 하고, 수식을 보태면서도 거짓은 없어야 한다. 誇而有節, 飾而不誣[유협(劉勰): 중국 양나라 때 평론가]
>
> (전광진 2007)

1. 쓰기 편하고 읽기 편한 문체로

논리적인 글에서, 호칭(呼稱)이나 지칭(指稱)을 쓰면 필자, 호칭 대상자, 독자 셋의 관계에 따라 높임말로 썼다 예사말로 썼다, 표현이 오락가락하게 된다.[24] 논문에서 '저명한 교수'나 '세계적인 석학' 따위는 자의적인 말이다. '여사, 여류'로 굳이 여자임을 밝혀야 할 까닭도 없다.[25] 논문에서 논의 대상은 사회적 지체가 아니라 이론이므로 예사말[이다/-하다]로 객관적으로 서술하면 쓰기도 편하고 읽기도 편하다.[26] 사람의 이름을 **본문주** —이름[창작한 사람] 연도[창작한 때], 쪽[자료가 있는 자리]— 로 이르면 호칭 · 지칭을 빼고 예사말로 서술하기 편하다.

□ … **선생님**은 **연세**가 **드셔서** ….
　→ …는 나이가 들어 … …(이름 **2006, 21-23**).

'**필자**'라고 이르면 독자가 보고 있는 글을 쓴 사람인지, 일차 저작물을 쓴 저자인지 구분하기 어렵다(1).[27] 사람 이름을 앞에 내세우고 논리의 옳고 그름을 짚으면 그 사람의 잘잘못을 가리는 글로 비치기도

---

24 압존법(壓尊法)을 좇으면 어떤 독자에게는 '○ 교수가 … -하다'로 표현해야 한다. 그렇다고 자기의 스승을 '님' 자를 빼고 '○ 교수'라고 지칭하기 어려운 노릇이다.

25 어떤 이는 발표된 지 20-30년이 지난 논문을 보기도 하는데, 지금 교수인 사람이 20-30년 뒤에도 교수일지 알 수 없다. 2007년, 요즈음에도 노랫말을 좇아 초등학교 여자 아이들도 '유관순 누나'라고 부른다.

26 감사하는 글은 특정한 사람에게 하는 말이므로 높임말로 쓰기도 한다.

27 글을 쓰는 이가 자기를 '필자' 또는 '나'라고 가리키기 어색하다.

한다(1′). 사람을 가리킬 적에는 본문주로 적든지, 성(姓)과 이름[名]을 함께 적든지 해야 누구인지 알 수 있다(2).[28]

(1) **필자**는, 커뮤니케이션 기술이 인간의 감성 기관에 영향을 준다는 것을 밝히려고 하였다. **필자의** 이러한 이론은 ….

(1′) **맥루한**(M. McLuhan)은 "커뮤니케이션 기술이 인간의 감성 기관에 영향을 준다."고 하였다. **맥루한의** 이러한 이론은 ….

→ "… 영향을 준다(**Mc-Luhan 1953**)." 이런 이론은 ….

(2) **후쿠야마**의 말을 빌리면, 한국은 현재 갈등의 모습을 보여 주고 있다.

'**자**(者)'는 '놈'이라는 의미로도 쓰인다. '**그녀는**'과 '**그년은**'은 발음이 거의 같다. '-하는 자'는 법률 용어가 아니면 되도록 사용을 삼가고 '자, 그, 그녀' 대신 '**사람, 이**'라고 적거나 본문주로 적어야 좋다.

> 대자(大者: 큰놈), 자근노미(者斤老未: 작은놈), …, 근년(斤年: 큰 딸년), 자근년(自斤年: 작은 딸년) …에서 보듯이, '자'(者)는 놈(노미), '녀'는 년의 접미사를 차용한 듯하다(강길부 1997, 190).

논문은 쓸모 있는 글이므로 '졸저(拙著)/졸고' —쓸모없는 글— 는 본문주로 이르는 것이 좋다. 다음과 같은 —어디 있는, 무엇을 가리키는지 알 수 없는— 말을 본문주로 이르면 위치를 얼른 찾을 수 있다.

□ 같은 곳, 같은 책, 상게서, 전게서, 앞의 책, ibid., loc. cit., op. cit.

---

[28] 논문이 아닌 글에서 사람/책을 가리킬 적에는 성만 적지 말고, 그 사람/책을 간략하게 소개해야 좋다. 필자는 잘 아는 사람/책이겠지만 독자에게는 낯선 사람/책일 수도 있다.

2. 육하원칙을 좇아 구체적인 말로

성분(成分) —주어, 목적어, 보어, 서술어 따위— 은, 문장이 갖추어야 하는 요소이다. 육하원칙의 여섯 요소 —누가[주어], 왜, 언제, 어디서, 무엇을[목적어], 어떻게[서술어]— 는 정보의 요소이며, '주관 : 객관'을 판단하는 기준이기도 하다.

흔히들 '정보=노하우(know-how)'를 연상하지만, 여섯 요소 가운데 하나라도 부족하면 정보로 사용하기 어렵다. 쇠고기를 어디에서 수입해야 좋은지 알고 싶은 사람에게 "여러 나라에서 수입해야 한다"는 말은 정보가 아니다. 주소를 '南大門入納'(남대문입납)이라고 적은 편지는 '주소 불명' 또는 '수취인 불명' 앞에 ☑이 적힐 것이다.

육하원칙의 여섯 요소는 구체적인 단어/말로 일러야 한다. 쌀값이 내렸는데 "물가가 내렸다"고 서술하면, 독자는 "전기 요금, 휘발유 값이 올랐는데 저런 소리를 한다"고 말할 수 있다. 의미가 포괄적인 단어로 사물을 이르면 막연한 말이 된다. '농산물'이라는 포괄적인 단어 대신 '쌀'이라는 구체적인 단어로 일러야 정보가 된다.

△ **농산물** 소비가 줄었다.

→ 2003년도 국민 1인당 연간 **쌀 소비량**은 83.2kg으로 1990년(119.6kg)에 비하여 36.4kg이 줄었다.

△ "**오랑캐**가 쳐들어 왔다. 피란 가라!"

→ "**몽고족**이 쳐들어 왔다. **강화도로** 피란 가라!"

누가: '우리 마누라, 우리 남편'처럼 '나 : 우리'를 구분하지 않은 말도 있다. '우리'라고 이르면 '연구자들, 연구자와 독자, 우리나라 사람' 가운데 누구를 이르는지 알아보기 어렵다. '누가'가 빠지면 행위 주체가 없는 문장이 된다. 서양어 투 피동 의미로 서술하면 '누가'가 없는 문장이 되기도 한다.

□ 부정을 저지르면 지위 고하를 막론하고 엄중히 조처하겠다.

* 보기 문장은 주어가 없어서, '(아무개가) 부정을 저지르더라도 모든 사람을 엄중히 조처하겠다.'라는 표현이다.

→ 부정을 저지르는 **사람은** 지위 고하를 막론하고 … 조처하겠다.

△ **국민**이 원하면 …

□ 빈곤 문제는 근절될 수 있는 것이 아니므로 **우리**의 관심을 끈다.

* 우리=연구자들? /=우리나라 사람 모두?

□ **내 옆집 사람**이 그러는데, 인삼 한 채는 ….

* "서울약령시장 상인들에게 물어 보니 …" 정도라도 밝혀야 한다.

□ 훈민정음은 1446년에 반포되었다.

→ 세종 임금이 1446년에 훈민정음을 반포하였다.

□ 토지 공개념 정책이 **많은** 호응을 얻고 있다.

* 누가, 그리고 얼마나 많은 사람이 호응하는지 알 수 없다.

왜: 이 요소가 빠지면 명제나 가설로 삼을 수 없는 말이 되기도 한다.

□ 이 나라는 농업에 있어 **천혜적**인 조건을 갖추고 있다.

* 무엇이, 왜 '천혜적'인가?

□ 우리는 **2000년대**에 대비해야 한다.

→ … **하므로**[=왜] 우리는 2000년대에 (…에) 대비해야 한다.

언제: '오늘, 올해, 최근, 지난해, 아직, …' 따위는, 시간이 지나면 언제인지 알 수 없는 말이 되기도 한다. 1994년에 써서 1995년에 발행한 글을 어떤 이가 2005년에 볼 적에 '작년'은 2004년이기도 하고 1994년이기도 하다. 기간을 명시하지 않으면 문장의 의미가 엉뚱해진다.

□ **지난 25년간** 한국 경제는 비약적으로 발전하였다. [언제부터 25년간]

□ "30만 원을 받고 싶습니다." / "좀 비싼 듯하니 25만 원에 합시다."

* "나는 과외 지도비를 한 달에 30만 원을 받고 싶었는데, 내 통장에 매주 25만 원이 입금되었다(대학생)."

□ 양평동 소재 **현** <u>해태제과</u> 자리(1998년에 쓴 글).

* 1997년 7월, 그 자리에는 그런 시설물이 없었다.

어디에(서): '정보가 어디에 있는지(know-where)'도 중요한 정보이다.

□ 가격 정보를 충분히 가지고 있어야 제값을 받을 수 있다.

* 가격 정보가 어디에 충분히 있는지를 구체적으로 밝혀야 한다.

□ 마산면에서 쓰던 농구

* 어느 도, 어느 군의 '마산면'인지 알 수 없다.

무엇을: 문장의 목적어를 구체적인 말로 나타내야 한다.

□ 우리는 **21세기에** 대비해야 한다.

* 무엇에, 왜 대비하여야 하는지 밝혀야 한다.

□ **물가를** 조속히 안정시켜야 한다.

* 생산자 물가, 소비자 물가? 둘 다?

얼마나: 여섯 요소에 '얼마나'가 드러나지 않았지만, 이것을 빠트리면 "알아서 적당히 해라"처럼 막연한 말이 된다.

□ ~를 **규모화해야** 한다.

* '적정 규모'의 수치를 구체적으로 밝혀야 한다.

□ 대리암 조각에 **묽은 염산**을 한 방울 떨어트리면 기포가 생긴다.

* 몇 퍼센트 용액일까? 10% 용액, 아니면 1% 용액?

※ … 농도 10% —100g에 있는 염화수소의 그램수— 이하를 묽은 염산이라고 한다(EnCyber).

□ **물가**가 많이 올랐다.

→ 소비자물가가 언제부터 언제까지 …% 올랐다.

어떻게: 이 요소가 빠지면 '그냥 해 보는 막연한 소리' 또는 근거 없는 소리가 된다.

□ 정부는 고용 안정 **방안을 마련해야 한다**.

* "방안을 마련해야 한다."는 방안이 아니다. 이런 말은 누구나 할 수 있다. 정부가 이 방안을 알고 있었으면 대책을 마련하였을 것이다.

□ 일본 사람과 한국 사람은 쌀의 소비 행위에 있어서 적지 않은 차이가 있는 것으로 **필자는 보고 있다**.

* 필자의 생각[=주관]인지 현상[=객관]인지 구별하기 어려운 서술이다. 무엇이 서로 어떻게 차이가 나는지 구체적으로 밝혀야 한다.

3. 논리 정연하게

논리는 특정 현상의 인과 관계를 남이 이해할 수 있도록 이치에 맞게 체계적으로 설명하는 틀이다. 자기의 가설, 연구 과정 따위가 타당함을 논리적으로 증명하고, 이를 남이 타당하다고 인정한 것이 이론이다. 자기의 주장을 이론으로 인정받으려면 조리 있게 표현해야 한다.

"상식이 오류를 범하다"

조리 있게 표현해야 자기가 나타내려는 의미가 바르게 전달된다. 표현이 조리에 닿지 않으면 서술 내용이 비논리적으로 비치고, 독자가 이해하기 어렵다.

보기 (1)은 전문가가 보는 '유통 마진의 개념은 상식에서 벗어난 것'이라는 표현, 곧 '상식=오류'라는 표현이다. 이 문장은 "일반인이 유통 마진의 개념을 올바로 이해하지 못하고 있다"는 뜻을 나타내려고 한 듯한데, 일반인이 무엇을 착각하고 있는지 밝히지 못하고 조리 없이 표현하여 논점이 흐트러졌다.

(1) 유통 마진의 개념을 이해하는 데 있어 **일반의 상식은** 큰 오류 내지 착각을 범하고 있다.

* '상식(常識)'은 '사람들이 보통 알고 있거나 알아야 할 지식'이다. 상식과 일치하면 '상식에 맞다'고 이르고, 그렇지 않으면 '상식에서 벗어난(또는 상식 밖의)'이라고 이른다.

다음은 **모순 어법**으로 강조하는 말이다.

△ 누구나 다 아는 비밀
△ 사족 성한 병신
□ 오래된 미래[책 이름]
△ 죽고 못 사는 사이
△ 지는 것이 이기는 것
△ 배보다 배꼽이 크다.
△ 소리 없는 아우성
△ 유토피아를 이룩하다
△ 죽어도 너랑 못 살아.
△ 즐거운 비명

다음은 **인사말, 관용어**로 굳어진 말이다. 여러 마리를 '한 마리'라며 넘기기는 말도 있다.

△ 장에 갔다 오는 길이요? / 예, 북어 한 마리 샀지요.
△ 신혼 재미가 어떠한가? 자네 아들을 보았다며? [설날 덕담]
  * "말이 씨가 된다." 덕담(德談)은 윗사람이 아랫사람에게만 하며 일반적으로, 좋은 일이 이루어진 듯이 말한다.
△ 너 숙제 안 했지? 너는 이제 죽었다.
△ 없는 게 없다.

명사형으로 묶은 말(2), 덧말(3), 부사어/부정어(4) 따위를 잘못 사용하거나 어휘(5)를 잘못 선택하면 조리에 닿지 않는 표현이 되기도 한다.

(2) '오늘 새벽에 **내린 비**'로 도로가 미끄럽다. [→비가 내려서]
  * 내릴 적에는 '비'이지만, 내린 다음에는 '빗물'이다.
  [정화된 오폐수 / 꺼진 불 / 다 탄 장작 / 녹은 눈 / 절인 생선 / 벼의 겨를 벗기다]
(3) 서구식 외래어 · 외국어들이 밀려들어 오고 있는 현실은 … **가장** 걱정스러운 점의 **하나이다**(고등학교 국어).

※ "이러한 말은 서양어식 말투이다. 우리말에서 '가장'은 하나만 가리킬 뿐이다(고등학교 문법 1997, 178)."

(4) 반짝인다고 **모두** 보석이 아니다.

* 이 말이 성립하는 조건은 '보석은 모두 반짝인다.'이다.

[모든　　누구나　　누구든지　　전부]

(5) 동물의 **인구수**가 늘어났다.

→ 수효

* 인구: 사람의 수효.

(6)은 '책 도둑⊄도둑'이라는 표현이고, (7)은 '아닌 A = A'라는 표현이다. 필자가, 자기도 사실이라고 공감하지 않는 것을 '사실'이라고 말한 (8)은 거짓말이다. 이런 내용을 조리 있게 서술하려면 어휘를 바꾸거나 표현을 바꾸어야 한다.

(6) **책 도둑**은 도둑이 아니다.

→ 책을 가져가는 행위는 도둑이 아니다.

(7) 그 말은 역설 아닌 역설이다.

→ 그 말은 역설이 아닌 듯한 역설이다.

(8) '그것'은 **모든** 사람이 공감할 수 없는 **사실**이다.

* '모든 사람'에는 '필자'도 포함된다. (8)은 **괜한** 말 '사실'이 끼이어 의미가 이상해졌다.

→ 어느 누구도 그것에 공감하지 않을 것이다.

기념식에서 외빈이 "… 축하합니다."라며 치사하는 말문을 열고는 아래와 같이 말을 맺었다. '치사를 갈음하는 말'≠'치사'이다.

□ … 발전하기를 기원하는 것으로 치사를 갈음합니다.

어떤 **현상**의 공통된 인과를 보편적 관념으로 체계화한 말을 '**개념**'이라고 이르고, 개념을 함축하여 나타내는 말을 '**용어**'라고 이른다. 아래는 '용어' 때문에 '현상'이 나타난다는 듯이 표현한 문장이다.

□ 현실 세계에 희소성의 법칙이 **지배하기 때문**에 사람들은 자기가 가지는 모든 욕구를 충족**시킬 수 없다**(대학 교재).

* '(자원이 희소하여) 사람들이 자기의 욕구를 충족하기 어려운 현상'[=개념]을 '희소성의 법칙'[=용어]이라고 이른다.

□ 이러한 비탄력화 **현상은** 공급량이 수요량보다 조금만 많아져도 **가격을 폭락시킨다**(대학 교재).

* '공급량이 수요량보다 조금만 많아져도 가격이 폭락하는 현상'[=개념]을 '비탄력화 현상'[=용어]이라고 이른다.

□ 이러한 간석기와 토기는 신석기 시대**를 특징짓는** 유물이다(국사).

* 간석기, 토기 따위와 같은 유물은 어떤 공통점이 있을 것이다. 학자들이 공통점을 근거로 이런 유물의 이름을 '간석기, 토기'라고 이르고, '이런 유물을 주로 사용한 시대'[=개념]를 '신석기 시대'[=용어]라고 이르자고 정하였을 것이다.

아래는 '까닭'과 '그래서 한 행위'를 뒤바꾸어 서술한 문장이다.

□ 넉살로 만살창을 만들면 **벽사무늬의 의도가 담겨진다.**

→ 넉살로 만든 만살창에는 벽사의 의도가 담겨 있다.

→ '귀신이 범접지 못하게 하려고'[=의도] 넉살로 만살창을 만든다.

□ 통일 신라기 …. 나무 대신에 숯을 **땔 수 있었던** 것은 구들이 없고 대부분의 집에 화덕이 설비되어 있었기 **때문에 가능하였다.**

* '집에 구들이 없고 화덕만 있어서 (집 안에 연기가 차지 않게 하려고)'[=까닭] 나무 대신 숯을 때었다.

△ 빚쟁이: "김 씨 집에 있소?"
김 씨: "김 씨 없소."
빚쟁이: "그럼, 지금 귀신이 대답했단 말이오?"
김 씨: "본인이 직접, 본인이 없다는데 무슨 말이 그리 많소?"

△ 무화과(無花果) 꽃
* 이름의 의미는 '꽃 없는 과일나무'이지만, 꽃이 핀다.

△ 제목: 무제(無題)(그림 제목) / △ 낙서 금지(벽에 있는 낙서)

△ 하늘은 스스로 돕는 자를 돕는다.
① 하늘은 '스스로 돕는[하늘의 도움을 받지 않는]' 자를 돕는다.
② 하늘은 '스스로 돕지 않는[하늘의 도움을 받는]' 자를 돕지 않는다.

□ 골프를 중도에 포기하는 **선수들이 많다**는 것을 **아는 이들이 드물다**.
* 독자는, 골프를 포기한 <u>많은</u> 선수와 그 가족이 이 사실을 아는지 모르는지 판단할 수 없으므로, 이 말이 객관적인 말인지 주관적인 말인지 판단할 수 없다.

□ **유일한** 대안 중의 하나 / <u>가장</u> **독특한** 모양 / 가장 **유니크한**
* '유일, 가장, 독특한, 유니크'는 '하나밖에 없음'을 뜻한다.

△ 예외 없는 법칙 없다.
* 뒤집어 보면 '모든 법칙에 예외가 있다.'라는 표현이다.

△ 한 손님 웃고 가면 열 손님 **다시** 온다.
* '**다시** 올' 손님의 수효가 '간' 손님의 수효보다 많을 수 없다.

□ 안다는 것은 사물의 실상을 아는 게 아님을 아는 것은 최상의 지혜요, 안다는 것이 사물의 실상을 아는 게 아님을 모르는 것은 착오이다.

△ 눈에 **보이지 않는** 투지가 **엿보인다**.

□ **죽은** 혼이라도 **살아 있어** 우릴 돌봐 줄 거예유.

□ 이중생이 **죽은** 것처럼 **행동하였다**.

△ 문 닫고 들어와. / 문 닫고 나가.

□ 혀를 이로 물고 입 밖으로 늘어뜨리다(국어사전).

"신령님께서 가라사대"

가설은 어떤 현상에 법칙적인 인과 관계가 있는지 알아내려고 기존 이론을 틀로 삼아 만든 주제이며, 남들이 이 주제가 '옳음'을 인정하면 이론이 된다. 가설은 가정과 명제로 이루어진다. **가정**[(1)의 밑줄 친 부분]은 명제가 성립하는 전제이며, **명제**[따옴표]는 참인지 거짓인지 가릴 수 있는 말이다. (2)는 가정이 빠진 말이고, (3)은 참인지 거짓인지 가릴 수 없는 말이다.

(1) 1기압, 4℃ 상태에 있는 '물 1cc의 무게를 1g이라고 하자'.

* 1기압, 4℃에서 물의 무게가 항상 일정한지 실험할 수 있다.

(2) 물 1cc의 무게는 1g이다.

(3) 물은 무겁다.

참인지 거짓인지 가릴 수 없는 문장에서는 '영양, 풍부'와 같이 뭉뚱그리는 말, 또는 '시대적, 역사적' 같이 때를 들먹이는 말 따위도 보인다(4). 이름난 사람을 들먹인 (5-1)은 점쟁이가 들먹인 말 (5-2)와 닮았는데, (5-3)의 ㄴ은 이런 말의 잘못을 비튼 말이다.

(4) 우유는 **영양**이 **풍부하다**.

우리는 민족중흥의 **역사적 사명을 띠고** 이 땅에 태어났다.

향후 10여 년간은 … **기반을 공고히 해야 할 때**인 것이다.

(5-1) 아인슈타인은 우유는 완전식품이라고 하였다.

(5-2) 신령님께서 당신 금년 운수가 좋다고 하셨네.

(5-3) ㄱ: 이탈리아 **속담**에 남의 밥그릇을 빼앗지 말라고 하였다.

ㄴ: 우리 속담은 외국 속담을 믿지 말라고 하였다(영화 대사).

"원숭이 똥구멍은 … 백두산"

아래는 아이들이 고무줄놀이를 하기에 앞서 노래를 끄집어낼 적에 하는 끝말잇기인데, 슬그머니 '원숭이 똥구멍은 … 백두산'이 된다.

> **원숭이 똥구멍은** 빨개. / 빨가면 사과. / 사과는 맛있어 / …
> 비행기는 높아. / 높으면 **백두산**.
> - **백두산** 벋어 내려 반도 삼천리 …(노랫말).

일상의 대화에서는 물론 사회 과학 논문에서도 논리에 맞지 않는 주장 곧, 바르지 않은 인과, 바르지 않은 구성, 건너뛴 논리 등이 보인다.

❶ 인과 관계를 밝히지 못한 주장

△ 뫼를 잘못 써서 동티가 났다.

※ 까마귀 날자 배 떨어진다(속담).

□ 응답자들은 자신이 빈곤한 원인을 아래와 같이 대답하였다. '불구, 가구주 사망, 고령, 무자식, ….'

(?) '응답자들의 의견' = '빈곤한 원인' = '고령, 무자식, …'

□ 주민들의 **찬성률**이 높았다. 이러한 조사 결과로 보아 이 정책의 방향이 **올바르게** 수립되었다고 할 것이다.

* '올바르다'를 재는 기준을 제시하고, '찬성률'과 '정책의 올바른 방향'의 인과 관계를 밝혀야 한다.

※ "그러면 도토리를 아침에 네 개씩, 저녁에 세 개씩 주겠다. 원숭이들 모두가 저공(狙公)의 말을 듣고 좋아하였다[조삼모사]."

❷ (통계적) 근거를 대지 못한 주장

△ 키 크고 싱겁지 않은 사람 없다더라.

△ 가진 사람이 더 인색하다더니, ….

□ **악한** 사람이 **선한** 사람보다 **잘사는** 이유를 논하라.

* 이는 대학교 경제학과 학기말 고사 문제인데, '악하다 : 선하다'와 '잘살다 : 못살다'를 가리는 기준을 제시하지 않았다.

□ …가 **외국산 낮은 품질**의 식재를 이용하고 ….

* 외국산 식재가 품질이 낮다는 근거를 제시하여야 한다(심사자).

□ **식품산업 제품**의 상당 부분은 소비자의 건강과 환경에 **부정적인 영향**을 미치고 있다

※ '식품산업 제품'이 무엇을 지칭하는가? 경쟁 체제가 보장되는 상태에서 소비자에게 부정적인 영향을 미치는 식품산업이 존재할 수 있을까? 부분적으로 문제되는 경우는 있겠지만(심사자).

❸ 조건 하나만으로 명제가 성립하는 듯 내세운 주장

※ "자네 **시가를 안 피웠으면** 저런 빌딩 하나는 사지 않았겠나?"
"그렇다면, 담배 안 피우는 자네는 빌딩 하나를 샀겠네?"
"……"
"저 빌딩은 내 겉세." (안현필.「영어 기초 실력」)

□ 이 나라는 **강우량이 풍부하므로** 영농하기에 알맞다.

* 강우량은 영농할 수 있는 조건의 하나이다. 강우량이 풍부한 곳에서 잘 자라는 농작물도 있고 못 자라는 농작물도 있다.

※ 서울 사람은 비만 오면 풍년이라 한다(속담).

□ **말끝이 분명해야** 문장의 의미가 분명하다.

→ 의미가 분명한 문장은 말끝이 분명하다.

△ 뚱뚱한 아주머니가 양손에 물통을 들고 육교 밑으로 건너자, 교통경찰이 무단 횡단이라며 아주머니를 잡았다. 그러자 아주머니가 한 말, "**육교 무너지면** 당신이 책임 질 거야?"

❹ 관련 없는 전제를 내세운 주장

□ 장발을 허용하면 안 된다. 미풍양속을 해치기 때문이다.

* 조선조에는 머리털도 부모에게서 받은 것인지라 함부로 다루지 않았다. 한때는 '개화'를 내세워, 한때는 장발이 미풍양속을 해친다며 정부가 개인의 머리털을 잘랐다.

△ 우리나라는 동방예의지국이다. 그러므로 버스 안에서 어른에게 자리를 **양보해야** 한다.

□ 농자는 천하의 대본이다. 그러므로 농업·농민을 도와야 한다.

* 주장하는 이유는 '동방예의지국'/'천하의 대본'이 아니라 '어른에게'/'농민을'에서 찾아야 한다.

❺ 바르지 않은 전제, 우문우답(愚問愚答)

△ 한라산은 높지요? / 예, 아주 높지요.

* 질문도 주관적이고, 대답도 주관적이다(83면 참고).

△ 다음 중 어느 물건이 마음에 드십니까?

* 모두 마음에 들지 않을 수도 있다.

□ 역대 대통령 중 어느 분이 **가장** 훌륭하다고 생각하십니까?

* '역대 대통령이 모두 훌륭하다'고 전제한 질문이다.

※ 미국에선 거지도 양담배 피운다(우스갯소리).

※ 부자 일본, 가난한 일본인(우스갯소리).

※ 기와집이면 다 사창(社倉)인가(속담).

□ "주민은 ○○정책을 가장 먼저 도입해야 한다."라고 답하였다.

□ 소비자들을 대상으로 **하우스에서 재배한 포도**에 대한 설문 조사를 하였다.

※ 소비자가 '하우스 포도'인지 '노지 포도'인지 구별할 수 있을지? 소비자에게 설문하기에는 한계가 있어 보인다(심사자).

❻ 조건을 고려하지 않은 주장

△ 돈 없으면 집에 가서 빈대떡이나 부쳐 먹지(노랫말).

※ "말이 그렇지, 빈대떡도 비싸요. 한 장에 만 원인 걸요(빈대떡 집 주인아주머니)."

※ 월나라 미녀 서시(西施)가 가슴앓이 때문에 눈을 찡그리며 걸어갔다. 그것을 본 추녀가 따라서 눈을 찡그렸다[서시빈목(西施顰目)].

□ 일본에서 성공한 이러한 정책을 한국도 도입해야 한다.

※ 이밥이면 다 젯밥인가(속담).

□ 이런 ○○ **기구를 만들면** 수많은 문제점을 해결하여 우리나라 농업을 살리는 데 크게 기여할 것이다.

※ "이런 기구를 만들면 제한된 조건에서 제한된 문제를 해결하는 데에 <u>부분적으로</u> 도움이 될 것이다. 그리고

- 이런 일을 기존의 정책 담당 부서가 맡을 수도 있고,
- 특정 문제를 해결하기 위해 태스크포스를 운영하는 방식도 있을 것이다. (심사자)"

□ 수산 발전을 위해 수산청을 '수산부'로 확대 개편해야 한다.

□ 한국도 빨리 '식물 유전자원에 대한 국제규약'에 가입해야 한다.

※ 우리나라는 이 규약을 여러 해 전부터 검토해 왔으나 아직 결론을 내리지 못하고 있다. 미국과 일본도 이 규약에 가입하기를 미루고 있다(심사자).

❼ 사건의 앞과 뒤, 원인과 결과를 뒤바꾸어 내세운 주장

△ 배가 불러서 밥을 많이 먹었다.

□ 식생활 소비 구조의 변화는 육류의 소비량을 크게 증대시켰다.

* '육류 소비량이 크게 증대'한 것은 '식생활 소비 구조가 변화한' 현상의 일부이다.

□ 어업이 발전함에 따라 어업 기술 투자가 늘어났다.

□ 경제 발전은 공업 생산성을 획기적으로 약진시켰다.

□ 환경에 미치는 … 연작 장해, ….

※ 연작 장해는 어떤 영향 때문에 작물이 제대로 성장하지 못하는 현상이지 원인이 아니다(심사자).

❽ 부분과 전체를 혼동한 주장

□ 농기계의 **노후화가** 심화되어 농기계 고장이 잦다.

* 농기계가 모두 낡았으면 이 말이 맞겠지만, 새 농기계도 있고 낡은 농기계도 있다. 따온 글은 '낡은 농기계'를 기준으로 '전체 농기계'의 고장 원인을 설명하였다.

❾ 서로 영향을 주는데 어느 하나가 다른 하나에게만 영향을 주는 듯이 내세운 주장

□ 물가가 상승하는 주요인은 농산물 가격 상승이다.

* 다른 품목의 가격은 그대로이고 농산물 가격만 올랐으면 맞는 말이다. 그러나 다른 품목의 가격이 먼저 올라 농산물 가격이 올랐고, 이 때문에 물가가 올랐으면 바른 주장이 아니다.

□ 나라의 융성이 나의 발전의 근본임을 깨달아 …(국민교육헌장).

* 국민이 발전하여 나라가 융성하기도 한다.

⑩ 바르지 않은 분류나 비교

△ 우산 셋이 나란히 걸어갑니다 / **검정** 우산 **파란** 우산 **찢어진** 우산

* 둘은 색깔로, 하나는 '찢어진 : (성한)'으로 분류하였다.

□ **상아형** 따비, **말굽쇠형** 따비, **주걱형** 따비, **외**따비(백과사전)

* 셋은 '-형'으로, 하나는 '외- : (쌍-)'으로 분류하였다.

□ 친환경 농산물을 구매하는 유형을 **알뜰**형, **충동**형, **과시**형, **환경 보호**형 네 가지로 구분하였다.

* '환경 보호'는 '알뜰, 충동, 과시'와 대비되는 말이 아니다(심사자). '몸무게'는 몸무게끼리, '키'는 키끼리 대비하여야 한다.

※ ㄱ과 ㄴ은 상이한 의견인데 같은 의견으로 분류하였다(심사자).

※ 문제점이라며 6개를 제시하였는데, 앞의 세 개만 문제점이고 나머지는 개선 방안이다(심사자).

□ "서울역 그릴에서 문을 닫을 때까지 앉아 있는 경우도 있다." **엘리트**[이상(李箱)]가 그 정도이니 **식민지 백성**들은 말할 것도 없다.

* 이상도 '식민지 백성'이었다.

□ 배를 지키려는 **자**와 먹으려는 **자**(방송)

* 사람과 까치가 모두 '자'에 속하는 종류라는 의미이다.

→ '배를 지키려는 **사람**과 먹으려는 **까치**

□ 검지 않은 것은 **흰** 것이다.

? 노란 것은 검지 않은 것이다. 그러므로 노란 것은 흰 것이다.

□ 농협 조사에 의하면 올해 <u>재배 의향 면적</u>은 지난해의 <u>재배 의향 면적</u>에 비해 30%가 증가한 것으로 나타났다.

* 어떤 작목의 (실제) <u>생산량을 예측하려고</u> 농민에게 '올해, …을 얼마나[면적] 재배하려고 하는가'라고 묻는다. '재배 의향 면

적'은 '재배 면적'과 다를 수 있으므로 '의향'과 '의향'을 대비한 자료는 쓸모가 없다.

□ 전라도는, 경상도는, 충청도는, …

※ 논문에서는 현재 행정 체제에 맞추어 '전라북도, 전라남도'로 나누어 분석을 해야 한다(심사자).

□ 이 말은 다른 **국어사전에 올라 있는 말이므로** 어법에 맞지 않다고 **증명할 수 없다.**

* '말이 바르다 / 바르지 않다'를 판단하는 기준은 어법이다. 이 문장은, '**이** 말이 어법에 맞느냐 맞지 않느냐를 판단할 수 없다'는 표현이며, '어법에 이 말이 맞다/틀리다를 판단할 조항이 없다'는 표현이다. 이는 '국어사전에 어법으로 맞다/틀리다를 판단할 수 없는 말을 올렸다'는 표현이기도 하다.

⓫ 논리의 연결 고리가 빠진 주장

□ 우리나라와 외국의 'ㅇㅇ 정책 프로그램'을 비교하여 ….

※ 우리나라와 외국의 'ㅇㅇ 정책 프로그램'은 범위와 수준이 서로 다르므로 비교 대상으로 삼는 것은 무리가 있다(심사자).

□ 미국의 대농(a)과 임노동자(b)의 관계를 한국의 대농(c)과 소농(d)의 관계에 적용하였다. ['a : b'는 'c : d'이다.]

* 'a : b = c : d'인 근거를 제시하지 않았다.

미국에서는 경작 면적이 2,000ha 이상은 되어야 대농 축에 속한다고 하며, 한국에서는 3ha 이상을 대농이라고 일렀다.

□ 새로운 밀레니엄 시대에 대비하기 위해서는 개혁해야 한다. 개혁은 가죽을 바꾸는 것이다. 그러므로 제도를 철저히 바꾸어야 한다.

□ 1997년도 마늘 소비량은 40만 톤으로 줄어들 전망이며, 농민들은

재배 면적을 10% 줄이겠다고 답변하였다.

* 앞의 절과 뒤의 절을 이어 주는 설명이 빠졌다.

⑫ 바르지 않은 결합, 주관적인 해석

※ 아버지와 어머니 그리고 나는 가난하다. 우리 집 숙수와 가정부도 가난하다. 우리 집 정원사와 운전기사도 가난하다. 우리 집 가정교사도 가난하다. 우리 집 사람들은 모두 가난하다.

[안현필. 「영어 기초 실력」의 우스갯소리]

△ "백로가 물에서 왜 한 다리를 들고 있게?" / "발이 시려서." / "아니야, 두 다리를 모두 들면 물에 빠지니까."

* 백로는 '물고기를 잡아먹으려고'라고 대답하지 않을까?

□ 無空笛. '적'에서 'ㄱ'을 떼어 내고 '무공저'라고 읽는 스님. 그것이 스님의 세계인지 모른다(수필).

* '구멍이 없는 저'를 한자로 나타내면 '無空笛'라서 스님이 '무공저'라고 읽었을까, 아니면 기자의 글대로 스님이 'ㄱ'을 떼어 내고 읽었을까?

△ 성경은, 예수가 헤롯 왕 때에 그리고 수리아 총독 구레뇨가 호구조사를 할 때(기원 원년) 태어났다고 하였다. 그러나 헤롯 왕은 기원전 4년에 죽었고, 구레뇨는 기원후 6-7년에 호구를 조사하였으며, 헤롯이 왕일 적에 구레뇨는 총독이 아니었다. **이 점으로 보아 성경 기록은 허구이다.**

* 이는 '성경을 쓴 이가 이 부분의 시기를 잘못 적었다'는 근거는 되지만, 성경 기록 전체가 '허구'임을 증명하기에 불충분하다.

□ "국어사전에 **잘못된 것이 있으면** 어떻게 믿고 따라 쓰겠는가?"

* 국어사전에는 잘못된 것이 드물며, 믿고 따라 쓸 만하다.

□ 식량 증산은 민족 생존의 필수 요소이고, 그 첫째가 쌀이다. 농민

들은 전통적으로 모험을 회피하고 신품종과 신기술을 신속히 도입하지 않고 있다. **농민들은 이처럼 보수적이고 과거 지향적이므로, 신품종 벼를 보급하기 위해서는** ….

* 정부가 한때 농민들에게 강제로 신품종 벼를 재배하게 하였다. 그러나 신품종을 잘못 도입하면 일 년 농사를 망칠지도 모른다. 이익이 된다는 확실한 증거가 있으면, 남이 뭐라 하기 전에 농민이 먼저 신품종과 신기술을 도입하였다.

※ **노풍**(魯豊): 벼 품종의 하나. 1977년에 농가 보급과 동시에 장려품종이 되었다. 만식 적응성이 유신보다 좋고 단작에서 수량이 높으며 쌀알이 가늘고 긴 소립종으로 미질이 극히 좋은 품종이다. 그러나 1978년 농가에 대량 보급되자 곧 목도열병이 격발하여 '노풍 파동'이라는 **일대 흉**작을 초래하였다(EnCyber).

△ '숙녀용'

"숙녀? 어떤 여자인지 화장실 욕심 되게 많네."(우스갯소리)

⓭ 편을 드는 주장

□ 수자원 부족에 대비하여 동강에 댐을 세워야 한다. / 동강에 댐을 건설하면 자연이 파괴되므로 세우지 말아야 한다.

□ 산지에서 얻는 소득보다 초지에서 얻는 소득이 크므로 산지를 초지로 개발해야 한다.

* 산지를 초지(목장)로 바꾸어서, 마시고 빨래하던 냇물이 오염되어 주민이 불평하는 곳들이 있다.

자기 글도 "**자의적**"이면서

한 어민이 텔레비전 방송에서 "학명은 모르지만"이라고 전제한 다음 물고기 이름을 대었다. 그런 다음, 이 어민은 일지를 보면서 돗돔을 잡은 때와 방법 따위를 기자에게 이야기하였다.

> ※ 학명은 모르지만, 이곳 사람들은 '돗돔'이라고 부른다.
>
> * 「한국어도보」(정문기)와 국어사전에 '돗돔'으로 올라 있다.

아래 보기 글은 잘라 말하여 제 발목을 잡았다. [1]을 포함한 [2]의 연구 결과에도 "자의적이고 행정 편의적인 성격"이 포함될 것이다.

> □ **[1]**연구 대상을 자의적이고 행정편의적인 성격을 가진 … 기준에 의해 구분된 法的 生活保護對象者에 한정하는 것은 타당한 일이 아니라고 판단된다. …. **[2]**본 보고서에서는 法的生活保護對象者**뿐만 아니라** 일반 저소득층도 연구 대상에 포함시키고자 … 한다.

사회 과학 연구에서는 실험실에서 연구하듯 '같은 조건에서, 같은 자료로, 반복 실험하여 증명하기' 힘들다. 사회 과학 연구에서는 필요한 자료를 충분히 갖추기 어렵거나 신뢰도가 높지 않은 자료를 이용해야 할 때도 있고, 필자가 사용하는 용어의 개념이 독자가 알고 있는 뜻과 차이 나는 때도 있다. 그러므로 필자는 이용하는 자료의 성격, 용어의 개념, 연구 범위를 밝히는 등, '제 발목을 잡히지 않도록 **가설이 성립하는 조건** —hedging: 빠져나갈 구멍— 을 제시해야 한다.

> ※ 이 원고는 <u>자료상의 한계</u>를 분명히 <u>밝힘으로써</u> 정책적인 함의와 연구사적 의의를 명확히 제시한, 우수한 글이다(심사자).

이기면 감독 능력, 지면 선수 잘못

특정한 현상의 인과 관계를 분석하였거나 어떤 현상의 미래를 예측한 **모형** 가운데에 설명력이 높아서 다른 학자가 모형으로 사용하기도 한다. 이러한 모형은 '**조건이 같으면 인과 관계가 법칙처럼 나타난다**'는 가정을 근거로 만든 틀이다. 그러므로 각 모형이 성립하는 조건, 장점과 한계점을 이해하고 분석 대상에 적절한 모형을 선택해야 한다. 아울러 표본 대상, 표본 수, 응답 자료의 신뢰성, 조사 방법, 해석 따위가 적절한지 검증해야 한다.

※ 요인분석, 회귀분석을 하기에 분석 대상 농가 수(51농가)가 적어서 … 모집단을 대표한다고 보기 어렵다(심사자).

※ 지니계수 분석과 엔트로피지수 분석을 함께 사용하면 혼선을 줄 것이다. 지니계수는 요인별 분해를 하지 못하기 때문이다. 엔트로피지수로 단순화하는 것이 좋을 것이다(심사자).

※ 이 연구는 연령, 주거 형태, 가족 수를 독립변수로 이용하여 중회귀분석을 하였다. 그러나 중요한 <u>소득 변수가 빠졌다</u>(심사자).

점쟁이들이 역술서를 들먹여 점을 치기도 하고 영감(靈感)으로 예언하기도 한다. 가정과 명제의 구조를 흉내 낸 예언도 있다. 그러나 여느 사람은 점쟁이가 이르는 '영감'을 감지할 수 없다. 점, 예언 따위는 주로 이렇게도 저렇게도 둘러댈 수 있는 말로 얼버무려져 있다.

△ 九月　　莫近是非　可慮傷身(토정비결)

구월. 시비를 가까이하지 마라 몸이 상할까 염려된다.

* 시비를 걸면 <u>다른 때에도</u> 몸을 상할 염려가 있다.

아래 보고서를 쓴 이는 미곡 생산량과 미곡 소득이 증가한 자료를 표로 제시하고서도 "…이 증가했을 것으로 추측"하였다.

□ 미곡 생산량이 대폭 **증가한** 것으로 보아 미곡 소득이 대폭 **증가했을 것**으로 추측된다. / 미곡 소득이 대폭 **증가한** 것으로 보아 미곡 생산량이 대폭 **증가했을 것**으로 추측된다.

* 문장의 내용도 인과 관계를 제대로 설명하지 못하였다. 미곡 생산량이 증가하였으나 가격이 떨어져서 소득이 증가하지 않은 때도 있었고, 생산량은 비슷하였는데 가격이 올라서 소득이 증가한 때도 있었다.

개인이 자기의 **어림짐작**으로 행동하면 자기에게 영향을 끼친다(1). 점은 점 본 사람에게 영향을 끼칠 테지만, 점쟁이는 자기가 한 말의 결과를 책임지지 않는다. 여느 사람이 주식 시세를 놓고 아는 체하여도 나무랄 바가 못 된다. 일 층 바닥 아래에 지하층이 있건 말건, 맞으면 말한 사람이 용한 것이고 틀리면 해석한 사람 탓이다(2).

(1) 한 가난뱅이가 제비 한 마리를 보고, 봄이 왔다고 생각하고, 겉옷을 팔아 끼닛거리를 샀다. 다음날, 이 사람은 제비가 얼어 죽은 것을 보았다(이솝 이야기).
(2) 주식 값이 바닥을 칠 때가 주식을 살 때이다. 많은 사람이 아우성칠 때야말로 주식을 살 때이다.

예측은 '조건이 같으면 미래에 같은 결과가 나타날 확률이 얼마일지' 과학적으로 파악하는 일이다. 공적인 예측은, 이를테면 '선거 결과 예측' 따위는 여러 사람에게 영향을 끼치므로 예측 모형, 조사 대상, 표본 수, 통계/조사 자료, 결과 해석을 거듭 점검해야 한다.

"이론에 맞지 않는 현실"

사회 과학 연구에서 독립 변수와 종속 변수의 관계를 밝히려고 가설을 세울 적에 대개 '나머지 조건은 일정하다(*ceteris paribus*)'고 암묵적으로 가정한다. (1)은 가설이 현실과 일치하지 않는 이유를 추측한 말인데, 가설이 충분하지 않음을 자인하는 말이기도 하다. 가정을 부정하면 가설이 성립하지 않고, 내용에 따라 그 연구 전체가 '짐작'이 된다. 이런 때에는 적절한 모형을 선택하였는지, 다른 요인[가격 정책]이 종속 변수와 인과 관계가 있는지를 규명하거나, 가설이 올바른지 이용한 자료가 쓸모 있는지 따위를 따져 보아야 한다. 곧, (1)처럼 말하려면 앞서 '가격 정책'을 변수에 추가하여 다시 분석해야 한다.

(1) 이 모형의 결정계수가 낮은 이유는 가격 정책이 바뀌었기 때문으로 추측된다.

* 이런 식으로 결론을 내리면, 그렇다는 말인지 아니라는 말인지 구분할 수 없다.

(2)는 집필자가 현상을 주관으로 해석한 말일지 모른다. '경제 논리'는 '생필품 가격이 오르내리는 현상'의 단편을 주어진 조건에서 설명할 수 있을 뿐이다. 남들이 옳다고 인정한, 증명된 가설이 이론이다. 현상과 일치하지 않는 가설은 이론이 아니다. 프로크루스테스가 남의 키를 침대에 맞추었다고 하지만 연구자는 가설에 현상을 꿰맞추어서는 아니 된다.

(2) 생필품 가격이 **경제 논리를** 떠나 상승하였다.

4. 객관적으로

이 책에서는 현상의 모습을 '**객관**', 서술자가 현상의 모습을 인지한 느낌을 '**주관**'이라고 일렀다. 현상의 모습이 정말 그러한지 독자도 증명할 수 있게 표현하였으면 '객관적 표현', 아래와 같이 표현하였으면 '주관적 표현'이라고 일렀다.

- 자기가 인지한 개별 현상을 보편적인 현상인 듯이 표현
- 참인지 거짓인지 검증할 수 없게 표현

"반병이나 : 반병밖에"

(1)을 '긍정적 사고', (1′)을 '부정적 사고'라고 말하는 이가 있다. 그러나 '사고'는 상황에 따라 달라지기도 하므로 '참-거짓'을 증명하는 객관적인 수단이 아니다.

(1) 술이 반병이나 남았다. : (1′) 술이 반병밖에 남지 않았다.

(2)는 '참-거짓'을 가릴 수 없는 말이고, (3)은 주관을 보태어 현상을 서술한 말이다. 티베트 라싸[拉薩]의 주민 가운데 자기가 해발 3600m에 살고 있음을 아는 사람이 (2)를 보면 '얼마나 높을까' 궁금할 터이고, (3)을 보면 '그 정도를 높다고 하느냐'고 말할지도 모른다.

(2) 백두산은 **매우** 높다.

(3) 백두산의 높이는 **무려** 2744m이다.

“논문에서는 객관적 평가가 주가 되고 연구자의 주관이 보조가 되는 것이 합리적이다(심사자).” 주관으로 평가하거나 표현하면 주관적인 주장으로 보이기도 한다. 객관적으로 주장하려면 주관적인 말을 들어내야 한다.

- □ 국산 콩나물콩의 발아율은 94.4%로 수입 콩 73.0%에 비해 **대단히** 높다.
- □ …을 찾는 사람 수는 연평균 164%씩 **엄청난** 증가 추세에 있다.
- □ 이 회사의 경우 설립자의 수는 **무려** 15명**이나** 된다.
- □ 수출 물량보다도 수입 물량이 **절대적**으로 많다.
- □ 마늘은 생산량 변동에 따른 가격 변동이 **극히** 심해 ….
- □ 노인 문제에 대한 이론적 접근은 **무척** 다양하지만 ….

주관적으로 표현하면 말꼬리를 잡히는 빌미가 되기도 한다.

- □ **[1]**최근 **신문 지상을 떠들썩하게 했던** 결식아동 문제, 도시정비와 관련된 **[2]**철거민과 노점상의 문제 등에서 볼 수 있듯이 **[3]고도의 경제성장** 속에서도 **[4]**아직도 **상당수**의 국민이 최저 생계가 힘든 궁핍 생활에 시달리고 있다.
  - [1] 신문이 ‘문제’를 보도하여 (여론이) 떠들썩하였을지도 모른다. ‘신문에 난 것’을 ‘정말’이라고 믿는 이도 있겠지만, 학술적인 글에서는 ‘신문 보도’=‘정말’이라는 증거를 대어야 한다.
  - [2] ‘철거민과 노점상이 최저 생계가 힘든 생활’을 하리라고 짐작하는 이도 있겠지만, 정말임을 증명하는 자료가 필요하다.
  - [3] ‘고도의 경제 성장’과 ‘빠른 경제 성장’을 구분해서 써야 한다.
  - [4] 어떤 이는 500만 명을, 어떤 이는 5만 명도 상당수라고 여길 것이며, 어떤 이는 ‘반 이상’을 상당수라고 여길 것이다.

항공사진을 보면 고층 건물의 윗변이 아랫변보다 길다. 이런 사진을 근거로 '고층 건물은 윗변이 아랫변보다 길다'고 말하면 주관이 될 수 있다.

기준을 제시하지 않으면 주관적인 말이 될 수 있다. '일제 강점기에 국어를 사용하며 조국에 충성한 사람'이 애국자일까 매국노일까? 이처럼 시대나 상황에 따라 다르게 해석되는 말도 있다.

□ ○○의 성패가 앞으로의 농업 발전에 지대한 영향을 미칠 것으로 **생각한다**.

* '**생각한다, 판단한다**'로 표현하면 사실이 그러하다는 이야기인지 필자의 주관이라는 말인지 가리기 어렵다.

※ "… 생각된다"는 표현은 삼가고 구체적인 논거를 제시하는 것이 바람직하다(심사자).

□ 과일 중에서 밀식 상태가 **가장** 심각하다고 판단되는 감귤은 ….

□ 너의 **가장 소중한** 친구 영희가(편지글).

* 친구가 영희를 가장 소중한 친구로 여길까?

□ … -하는 데 **획기적인** 전기를 마련할 수 있을 것이다.

→ -하는 데 기여할 수 있을 것이다.

□ 정부는 식량 문제를 **적절히** 다루지 못하고 있다.

※ 정부는 식량 정책, 식품 안전 등 여러 분야에서 식량 문제를 다루고 있다. '적절하다'는 기준이 무엇인가(심사자)?

□ <그림 3>은 **인상적이고** 시사하는 바가 많다고 **생각한다**.

□ 월 소득 250만 원 이상인 **고소득층**.

* 월간 소득이 250만 원 이상이면 고소득이라는 근거와 기준을 제시해야 한다.

□ 응답자들은 연간 가구소득이 500만 원 이하로 **무척** 빈곤하다.

□ **성난** 시위대는 **인정사정없이** 경찰에게 돌을 마구 던졌다.

“유사 이래 첫 노벨상”

이 책에서, 그럴 수도 있고 아닐 수도 있는 일, 또는 조건이 달라지면 결과가 달라지는 일인데도 늘 한 가지 현상이나 결과만 나타나는 듯 잘라 말함을 ‘**단정**’이라 일렀다. 새로운 연구 기법을 찾은 기쁨에 겨워서 또는 의견을 멋있게 표현하려는 의욕이 앞서서 감정대로 단정하면 비논리적인 글이 될 여지가 있다.

<그림 1>은 할머니로도 보이고 젊은 여자로도 보이며, <그림 2>의 육면체는 여섯 개로도 보이고 일곱 개로도 보인다. 이런 반전도형(反轉圖形)[=다의도형(多義圖形)]을 보고 할머니임이 틀림없다거나 일곱 개임이 틀림없다고 주장하면 단정이다.

그림 1.

박유봉 등(1987, 310)을 이차 인용.

그림 2.

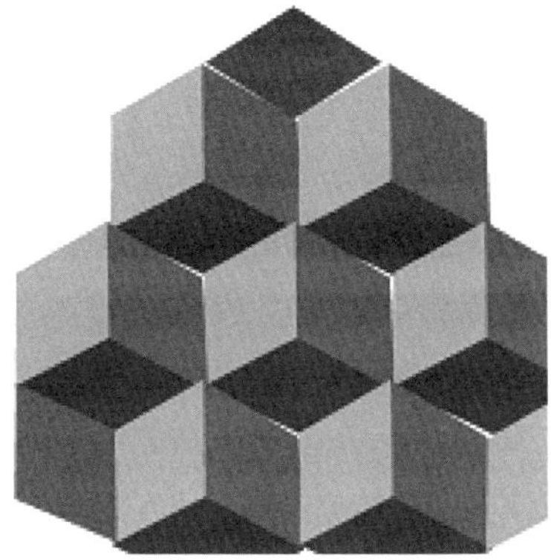

마틴 가드너(69쪽)를 이차 인용.

남의 말귀를 못 알아듣고 속단하기도 한다(1). 기압이나 온도가 달라지면 물의 부피가 달라진다(2). 1960년대에 '엠덴(Emden) 해연, 엠파이어스테이트 빌딩' 앞에 '가장 깊은', '최고(最高)'를 붙였는데(3), 객관적으로 주장하려면 "지금까지 발견한 곳 가운데 비티아즈(Vityaz) 해연이 세계에서 가장 깊다."처럼 전제를 대어야 한다.

(1) 모를 거꾸로 심다니, **아무려니** 잎과 뿌리도 구분 못할까?
"모를 거꾸로 심다"는 '모춤을 거꾸로 잡고 심다'는 말이다.
(2) 이 물의 무게는 50g이므로 50cc**일 수밖에 없다**.
(3) 결코 - 마련이다 -이 아닐 수 없다 -지 않을 수 없다
유일무이 단군 이래 -임에 틀림없다

□ "거울아, 거울아, 세상에서 누가 **제일** 예쁘니?" / "백설 공주요."
* 거울의 주견과 객관적 판단이 일치하지 않을 수도 있다.
※ 셋 가운데 'ㄷ'이 가장 마음에 든다고 응답한 비율은 45%였다.

□ **질량** 2117g의 현존하는 **국내 유일**의 이 운석은 43년 전 전남 고흥군 두원면에 떨어진 것이다(신문). [×질량 →○무게]
※ 김동섭(金東燮) 씨는 운석 여러 점을 가지고 있다(신동아 1997. 10).

□ 이에 관한 연구가 **전무한바**, …(논문).

□ 우리는 **유사 이래** 첫 노벨상 후보로 거론되는 과학자 한 명을 갖고 있다(신문).
① 유사 이래 지금까지는 노벨상 후보자가 없었다.
② 노벨상이 역사가 시작되면서 있었다.

△ 북한 지방에는 그런 나무[함박꽃나무]가 없어요. 나는 못 봤어요.
※ **함박꽃나무:** 목련과의 낙엽 활엽 소교목. 함북을 제외한 한국 각지에 분포한다(표준)." 꽃 모양이 목련꽃과 비슷하다.

□ 우리나라는 몬순 기후권에 있으므로 논에는 벼를 심**을 수밖에 없다**.
* 벼보다 이익이 더 나는 작물이 있으면 그 작물을 심을 것이다.

5. 가식이 없고

고명이 많은 글에서는 얻을 게 별로 없다. 별 내용이 없으니 그럴싸한 말들을 얹었을 것이다. 의미를 강조하거나 멋있게 표현하려고 문장에 미사여구를 얹기도 하지만, 이런 말 때문에 의미가 흐려지기도 하고 단정하거나 꾸며 대는 글로 보이기도 한다.

대체로, 힘찬 문장은 짤막하며, 멋진 문장은 의미가 분명하다. 진실한 글에는 가식(假飾)이 없다. 독자는 간명하고 진실한 글에 공감할 것이다.

"사상 초유의" 미사여구

담백한 글도 공부하고 노력해야 쓸 수 있다. 한시(漢詩)에 온유돈후(溫柔敦厚)한 말이 어울리듯 논문에도 지나친 멋이나 노골적인 표현을 자제한 문장이 어울린다. 평소에 담담한 마음으로 글을 쓰는 연습을 해야 담백하고 뜻이 잘 통하는 문장으로 글을 쓸 수 있다.

> 시한재(是閒齋) 김순간(金順侃)은 … 시나 문장을 지으면서 아름답게 꾸미지 않았고, 뜻만 통하면 그만이었다.
>
> (유재건. 「이향견문록」[허경진 2002, 87])

(1)과 같은 광고문은 눈에 확 띄고 얼핏 멋있어 보이지만, 찬찬히 뜯어보면 무언가 어색하다. (2～4)는 문학적으로 수식한 문장인 듯한데, 현상을 구체적으로 서술하는 글에는 어울리지 않는다.

(1) **기쁨** 주고 **만족** 주는 …. (긍지, 보람, 행복, 희망, …)

 * 기쁨, 보람, 사랑 따위는 각 사람의 마음 또는 느낌의 상태를 이르는 말이다. 이런 것들이 (1)에서는 주고받는 대상이다.

 ※ 기쁘게 해 주다. / 만족하게 해 주다.

(2) 남편의 선물은 **잔잔한 감동**이었다.

(3) 그이의 말은 **잔잔한 감동**으로 내게 다가왔다.

 * 이 문장의 의미를 곧이곧대로 해석하면 누가 감동하였는지, '나'의 마음이 어떠하였는지 알 수 없다.

 ※ 그이의 말은 잔잔히 내게 다가왔다.

(4) 그 사람은 진실 **그 자체**이다.

 ※ 나는 길이요 진리요 생명이다(요한복음 14: 6).

(5-1)은 눈비음하는 비유로, (5-2, 5-3)은 옹글지 않은 말로 멋을 부려서 의미가 모호해졌다. 우선 어법에 맞아야 멋있는 글이 된다.

(5-1) 이것에 대한 해법을 찾는 것은 21세기의 푸른 창공을 향해 비상을 준비하는 우리 연구원 가족들의 지혜이다.

 * 밑줄 친 말을 들어내면 문장의 의미가 선명해진다.

 * '푸른 창공'과 '가족-들'은 겹말이다.

(5-2) 오염 확산에 비례하여 **녹색의 푸르름**은 더욱 엷어져 가고 있다.

 × 푸르름 →○ 푸름

 * 따온 글은 베낀 문장인 듯한데, "산의 푸르름도 아름다웠다[일본어 교재에 있는 번역문]."와 닮았다.

 → 오염 확산에 비례하여 녹색이 점점 흐려지고 있다.

(5-3) 이제 **그 진지한 고민을 시작할** 때이다.

 * 진지하지 않은 고민이 있을까? 이 문장은 필자가 하라는 대로 독자도 특정한 고민(=그 … 고민)을 하라는 표현이다.

'사상 초유'와 같은 미사여구가 끼이면 단정하는 말이나 거짓말이 되기도 한다(6). 힘주는 말, 부추기는 말 따위가 끼이면 논리에 맞지 않는 말이 되기도 하고 때로는 점잖지 못한 글로 보이기도 한다(7).

□ … 조건부 로짓이 **가장** 유용성이 있다.

※ 적어도, 이 연구에는 해당하는 내용이 아니다(심사자).

□ 농민들의 신청이 **봇물을 이루었다.**

※ 학술지에 어울리는 표현이 아니다(심사자).

□ **세차게 너울지는** 푸른 파다(국어사전).

* 세차게 너울지는데, 바다 빛이 푸르게 보일까?

□ 천연염료를 쓰는 <u>장인이 있는 한</u> 그 색은 **영원히** 빛날 것이다.

* 장인이 영원히 살 수 있을까?

□ 우리 연구원이 제시한 두 가지 **중대 과업**

□ 이 연구는 복지사회 건설이라는 **웅지**를 실현하기 위해 ….

(6) 사상 유례없는　　역사 이래

(7) 가열차다*　　대다(떠들어 ~)　　버리다(먹어 ~)
부수다(깨 ~)　　쌓다(우겨 ~)　　치우다(해 ~)

* ×가열차다 →○ 가열하다(苛烈--)

활동요지경[조이트로프]도 있고 영화도 있는데 하필 주마등일까? 말 멋을 더하려고 아래와 같은 고리타분한 **허식**(虛飾)을 쓰면 '노인네에게서 진력나게 들은 소리[노생상담(老生常譚)]' 정도로 여길 독자도 있을 테고, 가식(假飾)으로 여길 독자도 있을 것이다.

△ ~가 **주마등**처럼 스쳐 지나간다.
뼈를 깎는 고통을 **감수하고**, ….
아스라한 **지평선** 저 너머에는 ….

“섬의 나라 월남”?

중국 경양강(景陽岡)에 다녀온 이가 (1)과 같이 이야기하였다. 그나저나 노랫말 (2)를 지은 이는 어디에서 무엇을 보았는지 궁금하다.

(1) “수호전에 무송이가 호랑이를 때려잡았다는 이야기가 나오는데, 그곳은 재가 없는 드넓은 벌판이다. 작가가 재 강 자를 보고 높고 깊은 재로 지어낸 것 같다.”

(2) 먼 먼 **섬의 나라 월남**의 **달밤** /**십자성** 저 별빛은 어머님 얼굴
   * 월남이 섬이라니? 월남 어디에서, 달밤에 십자성을 보았을까?

‘픽션 소설’/‘가상현실’은 ‘허구[픽션]’/‘가상’임을 전제하는데 치밀한 허구/가상은 상대가 현실인 줄 착각하게도 한다. 거꾸로, 논리적인 글은 현실임을 전제하며 허구가 끼이면 가식으로 보이기도 한다. 듣도 보도 못한 일을 어림으로 꾸미면 **허구**(虛構)가 된다.

□ (신문 소설에 있는) 다랑어 그림 [*커다란 붕어처럼 생겼다]

적절하지 않은 낱말을 사용한 까닭에, 또는 정확히 이해하지 못하고 서술한 까닭에 꾸며 댄 문장으로 오해를 사기도 한다.

□ 낙엽을 **갈고리**로 긁어모으다.
   * 낙엽을 긁어모으기에는 갈퀴가 적합한 연장이다.

□ 씨를 뿌리기 위해 땅을 **움파다**.
   * 일반적으로 땅을 갈고 써리고 고른 다음에 씨를 뿌린다. 땅을 움파서 씨를 뿌리면 싹이 제대로 돋지 않는다.

강준치는 비늘이 잘고[⑧], Y 자 모양의 잔가시가 많고[⑩], 물위로 뛰어오르기도 하며[⑫], 형태나 생태가 (3-1)과 거의 같다. (3)의 필자는 강준치의 실물을 관찰하지 않고 (3-1)을 추정한 듯하다.

> (3) 물명유고의 白魚 항목을 한글로 '우럭이'라고 표기하고 있으나 방편자 자신이 설명한 내용과 사뭇 다르다. "….."고 언급한 내용을 종합해 정리하면 현대어에서 "끄리"라 부르는 종으로 추정한다. 방언형으로 "치리"가 확인된다. (논문 2000)
>
> (3-1) ① 白魚 ② 우럭이 ③ 강호에 살고 ④ 색은 희며 ⑤ 머리는 쳐들고, ⑥ 큰 것은 6, 7척이 되며 ⑦ 배는 납작하고 ⑧ 비늘은 가늘며 ⑨ 머리와 꼬리는 위를 향하고 ⑩ 고기 살 속에는 잔가시가 많아서 이는 속칭 白魚와 다른 것이니 ⑪ 준치[鰣]와 유사하다. 다만 모래 깔린 물속에 살며 ⑫ 도약을 잘 한다. (이 부분은 (3)의 필자가 번역한 글이다.)
>
> (3-2) 강준치(정문기 1977. 「한국어도보」)
>
> [방언] 강준치, 단물준치[서울], ② 우레기[청평천] ① 白魚[중국・만주] [형태] … ⑪ 몸이 준치와 근사하다. ⑨ 입이 수직에 가까우며 위를 향해 있음이 본종의 특징이다. ⑦ 몸은 측편되었고 길며 머리가 좀 작다. …. ④ 채색은 은백색 바탕에 …, 주둥이 끝과 아래턱 끝은 청갈색을 띠고 있다. ⑤ 아래턱이 위턱보다 훨씬 나와 있고 …. ⑥ 전장이 500여mm에 이른다. [생태] ③ 강에서, … 호수에 산다.

93쪽의 "짜장면 예찬"은 가식이 없고, 94쪽 일기의 글은 꾸민 구석이 없어서 공감이 간다. 가식이나 꾸밈이 없는 글이어야 독자가 진실하다고 믿거나 공감할 것이다.

> 물리학자들도 … 노벨상을 받은 사람들 이야기는 그냥 믿는다는 것입니다. 노벨상을 받은 사람은 아주 논리적이고 거짓말을 안 하는 사람이라는 것을 알고 있기 때문입니다. 즉 때로는 확실한 증거는 논리가 아니라 신실함이라는 것입니다(이수형 2003, 12).

짜장면 예찬

내가 여러 사람 앞에서 내세울 수 있는 것은 그래도 짜장면 이야기가 아닌가 생각한다. 우선 먹는 데 번거롭지가 않다. 젓가락 두 개면 끝나니까. 오래 씹어야 된다는 등의 까다로운 법칙도 없고 그냥 우물우물 삼키면 된다.

아니 노보에 실어 준다고 몇자 적어 보랬더니 노조에 대한 감상 · 감회 · 반성 · 조언 등은 쓸 생각은 않고 그 해 무진년도 저무는 이 순간에 밑도끝도 없는 짜장면 예찬론이 나오고 야단이실까? 그래도 마냥 좋은 걸 어떻합니까? 원! 아니 어릴 때부터 그걸 좋아했다.

외식이다 하면 그걸로 배를 채웠으니 …. 연구원이 태어나고 식당이 없을 때 점심때면 결근없는 단골 메뉴이기도 했다. 그 때의 식비는 천원이었고 그 값은 메뉴판에도 선명한 600원이니 매력적일 수밖에 …. 그리고도 차비 정도는 남았다.

그 무렵 그 어떤 일간지에 이런 기사가 있었다. 직장인들 중에 점심 기호를 분석 취재한 기사였는데, 단연 짜장면이 1위였던 것은 두 말할 나위도 없다. 그 기자분, 결론이 뒤틀려 씁쓰레 웃었던 기억이 새롭다. 많은 직장인들이 중국요리에 매혹되어 있으니 망국적일 것까지 없겠지만 그러나 국산품 애식에는 정면으로 배치된다나 …. 그래도 국가에서 부흥하던 분식 장려에는 호응을 한 셈인데 말씀이야. 며칠 전 이런 일이 있었다.

전문 경력 100%.

"참말로 좋아분전네이."

"아, 당연안한가?"

"만약에 만약에, 경력이 많은 사람이 이곳에 왔을 때 여기에 계속해서 있는 사람보다 봉투가 더 두둑해져 버리는 건 아니겠지?"

"글쎄 기우시겠지."

"이제 오는 사람들은 제 몫을 다 찾아 묵겠제."

"글쎄."

"내도 젊었으면 새로 시작이라도 하는건데 …."

"…."

주말 어느날 아들 녀석과 목욕탕을 나오는데 그 옆의 한식집에서 돼지 불갈비 냄새가 코를 자극했다.

"냄새 좋다. 우리도 가서 한 대 뜯을까?"

"집에 가서 엄마한테 해 달래서 먹자."

녀석, 생각은 제 애비 머리 위에 올라앉아 있군. 그러나 저러나 우리도 외식 한번 치러야 되는데 ….

간신히 집에 도착한 뒤 선수를 쳤다.

"야! 우리 짜장면을 불러다 집에서 외식하자."

"와! 우리 아빠 최고다. 이히히 …."

불갈비 타령은 어디론가 사라졌다. 아무래도 우린 짜장면 체질인가부다!

고찬옥. 1988. 12. 30. 「농경연 노보」

* 13개 연구 기관의 노조원 52명이 "「농경연 노보」(한국농촌경제연구원) 1~49호에 실린 글 가운데 인상에 남는 글"로 꼽은 3편 가운데 하나이다.

그림일기의 글(이한규. 1984. 서울 상신국민학교 1학년)

7월 16일 월요일 <과천에간일> 나는 과천에 갔다. 재미있게 놀고 거기 에서도 200원짜리 아이스크림을 사먹었다.

7월 18일 <밤에만되면무술> 나는 밤에만 되면 준석이 형이랑 매일 밤에 무술을 한다. 그래 가지고 매일 늦게 잔다.

7월 19일 <과천에서어름먹는 거> 나는 준석이 형이랑 있을데 덥기만하면 어름을 먹습니다. 아무도 없을때 먹습니다.

7월 20일 <하루만있으면집에온다> 나는 일요일이 되면 집에간다. 그래서 형과 장난도치고 장난감을 갖고 놀고 로버트 놀이도 했다.

7월 25일 <구술놀이> 나는 오늘 구술 갔고 놀았다. 명범이 형이 애들 걸 땄다. 망구를 했다. 내가 4알을 땄다.

7월 27일 <기차타고온일> 나는 오늘 기차를 타고 예산을 갈건데 예산에도착할 때는 2시간이 걸린다. 사먹고 예산까지 갔다.

7월 28일 <다친일> 나는 오늘 삼춘이랑 염소를 풀르러 갈때 염소한테 받치어서 돌맹이에 넘어져 피가 났다.

7월 30일 <수영> 나는 오늘 무창포에서 수영을 했다. 나는 튜부를타고 수영을 했다. 3명의 애가 물속에 빠졌다.

8월 2일 <탐구생활을머리에올려놓은일> 나는 오늘 머리에 탐구생활을 올려놓고 놀았다. 동생이 엄마 한테 일렀더니 매갔다 때렸다.

8월 3일 <공놀이> 나는 공갔다 던졌는데 잡기도 하고 울기도 하고 그랬다. 재미있었다. 넘어지 기도 하였다.

8월 6일 <> 나는 오늘 축구를 했다. 우리가 졌다.

8월 8일 <목욕한 얘기> 나는 아빠랑 목욕을 했다. 나랑 아빠랑 머리를 안감았다.

8월 11일 <> 나는 오늘 잠자리를 잡았다. 잘안날랐다. 내 동생한테 꽃을 꺽어오랬는데 내동생이 혼났다.

8월 15일 <비> 나는 오늘 비가 와서 못논다. 내가 우산 갔고 놀았다.
<물막기> 나는 오늘 물막기를 했다. 맴을 3차맴까지 막았다.

8월 21일 <선생님께편지> 나는 오늘 집에서 선생님께 편지를 울면서 쓰고 나가서 놀라해도 안나갔다.

8월 24일 <책> 나는 오늘 관이내서 책을받다. 토성도 나왔다. 지구도나왔다. 태풍도나왔다.

---

6. 치우침 없이 서술하였다

어떤 현상의 전반을 균형 있게 객관적으로 서술하였으면 '치우치지 않은 글'이라고 이른다. 어떤 현상의 한 편만 옳은 듯이 서술하였으면 치우친 글이라고 이른다. 시류에 맞추거나, 특정한 목적에 맞추거나, 특정 사람(들)을 편들어 서술한 글 따위는 치우친 글이다. 글이 어느 한편에 치우치면 객관성을 잃는다.

"어쩔 수 없이 쓴 글"

사람이 한 가지 일을 두고 남을 칭찬하기도 하고 혼내기도 하고(1), 자기에게 이익이 되면 옳다 칭찬하고 자기에게 손해가 되면 그르다 탓하기도 한다. 그래서 어설피 표현하면 치우친 글로 오해받기도 한다(2). 자유로이 말할 수 있는 상황도 있지만 '사슴을 사슴이라고 이르지 못하는[지록위마(指鹿爲馬)]' 상황도 있을 것이다(3).

(1) 미자하(彌子瑕)는 제가 먹던 복숭아를 위군(衛君)에게 바쳤다. 위군은 그것을 기쁘게 받아먹었으나, 훗날 그 죄[여도지죄(餘桃之罪)]를 물어 미자하의 목숨을 앗았다.

(2) 하이난 섬[海南島]은 중공에서 대만 다음으로 큰 섬이다.

* 대만이 중공의 영토라는 표현이다. 대만 사람과 중국 사람은 이 말을 서로 다르게 받아들였을 것이다.

(3) 미국 사람: "우리는 부시가 나쁜 녀석이라고 말할 수 있다."
북한 사람: "우리도 부시가 나쁜 녀석이라고 말할 수 있다."

사람들이 유명[이름이] 짜한 이의 글을 읽고 마음이 여려지기도 한다. 통치자가 이런 점을 노려 지식인에게 국민을 홀리는 그림을 그리게 하거나 글을 쓰게 한 적도 있다. 애국금차회(愛國金釵會) 여성들이 1937년에 금차(金釵)[=금비녀]를 수집하여 조선총독 미나미 지로에게 바쳤고, 학산은호(鶴山殷鎬)는 이것을 그린 「금차봉납도」를 총독에게 바쳤다(실천문학 1985(여름), 265).[29] 이 시대에 내로라하는 문인들이 '조선 징병제 시행'을 찬양하며 젊은이들에게 '임의 뜻'을 받들라는 글들을 썼고, 훗날 "**어쩔 수 없이 썼다**"고 하였다.

> 씩씩한 우리 아들들은 총을 메고 전장으로 나가고 / … / 우리 임금님의 명을 받자와 / "예", "예" 하고 집에서 뛰어나오는 무리 / 이날 설날에도 반도삼천리도 기쁨의 日章旗 바다.
>
> [香山光郞(李光洙). 「매일신보」. 1944. 1. 1.]

학자들이, 쌀이 모자랄 적에는 밀가루가 쌀보다, 쌀이 남아돌 적에는 쌀이 밀가루보다 건강에 좋다는 글을 썼고, '성분 분석표'를 곁들였다. 이처럼 **고의적인** 글도 치우친 글이다.

일본 통감부가 신문 기사를 검열하던 당시에 「대한매일신보」는 다음과 같이 안중근 의사가 한 말을 보도하였다. 치우치지 않은 글을 쓰려면 있는 그대로 서술해야 한다.

> 내가 일개인의 원한으로 행한 일이 아닌 즉 나에게는 보통형사의 피고로 대접함이 불가하고 국제공법과 만국공법에 의하여 각국 사람이 모인 중에서 심판을 행함이 지당하다(1910. 2. 20.).

---

[29] 南次郞는 1936년 조선 총독으로 부임, 일본어 상용과 일본식 성명 사용을 강요하였고, 지원병 제도를 실시하였다. 김은호(金殷鎬)는 1965년 삼일문화상을 받았다.

“이거 가질래, 요거 가질래?”

한 텔레비전 방송이 한때 ‘전투’라는 연속물을 방영하였다. 이 극에서 미군의 한 분대(分隊)가 독일군에게 번번이 이겼다.

> “엄마! 우리 독일이 왜 자꾸 지기만 해요?” [독일서 살다가 온 아이]

조삼모사(朝三暮四). 웬만한 이들은 아는, 빤한 이야기이다. 그런데도 예나 지금이나 **저공**(狙公)**의 화법**으로 남을 홀리는 이가 있고, 이런 말에 넘어가는 사람이 있다.

> “너희에게 도토리를 아침에 세 개씩 저녁에 네 개씩 주려고 한다.”
> 원숭이들은 불만스러워하였다.
> “그러면 아침에 네 개씩 저녁에 세 개씩 주면 어떻겠느냐?”
> 원숭이들은 기뻐하며 좋다고 하였다.

언론사들이 자기네 보도가 정확하고 공정하다고 곧잘 자화자찬한다. 그러나 ‘ㄱ 신문’은 자기 회사에 불리한 내용을 빼고 짧게 써서 한 구석에 앉혔고, ‘ㄴ 신문’은 ‘ㄱ 신문’이 싣지 않은 내용을 도드라지게 쓰고 눈에 잘 띄는 자리에 앉혔다. 2001년에 있었던 ‘언론사 탈세 혐의’ 사건을 놓고 혐의를 받은 신문사, 다른 신문사와 방송사 등, 언론사마다 논조와 보도 내용이 제각각이었다(백선기 1995 참고). 상대에게 선택하게 할 적에는 **정보를 치우침 없이** 제공해야 한다.

> - 좋은 술로 한 잔 주시오.
> - 손님, 우리 술집엔 나쁜 술과 더 나쁜 술밖에 없습니다(영화 대사).

(1)만큼 짓궂은 질문도 드물 것이다. (2)는, 한 아이가 좋은 것은 뒤에 감추고 제 아우에게 처지는 것 둘 가운데 하나만 고르라는 말이다. (3)은 상대를 궁지로 몰아넣으려는 질문이다. (4)는 상대를 윽박는 질문이다. 이런 질문들은 비논리적이고 **치우친 질문**이다.

(1) 엄마가 좋으냐 아빠가 좋으냐?
(2) 이거 가질래, 요거 가질래? / 뒤에 감춘 거.
(3) 황제에게 세금을 바치는 것이 옳습니까, 옳지 않습니까? 바쳐야 합니까, 바치지 말아야 합니까? / "황제의 것은 황제에게 돌려주고, 하느님의 것은 하느님께 돌려 드려라(마가복음 12: 14-17).
(4) '예, 아니요'로만 답하십시오(국회 청문회).

다음 내용으로는 1999년 자동차 수입 대수가 1997년에 비해서 얼마나 늘어났는지 알 수 없다. 1997년과 1999년의 자동차 수입 대수가 비슷했으면 (5)는 적절하지 않은 서술이다.

(5) 작년(1999년) 외제 자동차 수입이 재작년[1998년]에 비해 100% 늘어나 국내 자동차업계가 심각한 영향을 받았다.

학문을 이용하여 '자기의 처지에서 자기의 이익을 기준으로' 어떤 현상의 한쪽은 좋다 하고 다른 쪽은 곱새기면 **곡학**(曲學)이다. '개발'을 하면 누구는 이득을 얻고 누구는 손해를 보기도 한다. (6)과 같은 내용은, '간척하지 않고 개펄에서 얻는 이익'과 '환경 파괴 때문에 생길 손실' 등 여러 자료를 함께 제시해야 한다(78쪽 ⓭ 참고). 그렇지 않으면 "어쩔 수 없이 쓴 글" 또는 곡학이라고 오해받을 여지가 있다.

(6) 간척비보다 농사를 지어 얻는 소득이 많으므로 간척해야 한다.

제4장

끝마무리를 잘 하였다

온 힘을 다하여 글 한 편을 쓰고 나면 몸도 마음도 지친다. 오랜 기간 글을 쓰고 난 뒤에는 더욱 그러하다. 그래서 자기 글이지만 더 살펴보기 귀찮은 때도 있다. 시간에 쫓겨 충분히 퇴고하지 못하고 탈고해야 하는 때도 있다.

연구 기관의 보고서 가운데에도 표기 오류가 많거나 의미를 알아보기 어려운 문장이 많은 보고서도 있다. 여럿이 함께 지은 보고서 가운데 서론, 본론, 결론이 제각각인 보고서도 보이고, 한 개념을 두 가지 용어로 이른 보고서도 보인다. 이는 글을 끝마무리하지 않았기 때문이다.

퇴고하고 교열하는 일은 글을 끝마무리하는 과정이다. 초고(草稿)를 여러 번 퇴고하고 교열해야 비로소 발표 원고가 된다. 발표 원고로 삼아도 될 만큼 흠이 적은 초고는 드물다. 독자는 글에 담긴 필자의 인격과 정성도 읽고 느낀다[신언서판(身言書判)]. 초고나 다름없는, 성의 없는 글을 읽고 필자의 의견에 공감하는 독자는 드물 것이다.

독자가 글을 읽고 필자의 의견에 공감하고 만족하여야 필자는 글 쓴 목적을 이루게 된다. '무엇을, 누구에게, 왜' 글로 말하는지 아는 이들은 글을 꼼꼼히 끝마무리한 다음에 발표한다.

1. 글을 다듬고 다듬어

필자가 자기 글에서 미처 보지 못한 흠을 남이 손가락으로 짚는 때도 있고, 남이 필자보다 더 잘 아는 내용도 있다. 그래서 글은 발표 전에 남이 살펴 주면 좋아진다. 당나라 때, 가도(賈島)는 '鳥宿池邊樹 僧敲月下門'이란 시구를 얻어 推(퇴)로 할까 敲(고)로 할까 망설이다가 한유(韓愈)의 조언을 받아들여 '敲'로 정했다고 한다.

제 글을 다듬는 일도 **퇴고**라 이르고, 보석 다듬는 일에 빗대어 '**조탁**(彫琢)'이라 이르기도 한다. 글은 퇴고할수록 알아보기 좋아지고 내용이 좋아진다. 단어 하나를 바꾸어 문장의 의미가 밝아지기도 하고, 문장 하나를 다듬거나 서술 순서를 바꾸어 글이 매끄러워지기도 한다. 질질 읊은 말을 한 단어로 바꿀 수도 있고, 전보다 알찬 정보로 바꾸어 담을 수도 있다.

글을 다듬을 적에는 먼저 줄거리가 가지런히 짜여 있는지 살펴야 한다. 그리고 독자의 자리에서 문장들이 알아보기 좋은지 살펴야 한다. 다만, 글을 쓰고 나서 금방 고칠 점을 찾기 힘들다. 시간이 열흘이고 몇 달이고 지나야 고칠 점이 눈에 들어온다. 그러므로 짬을 두고 퇴고해야 좋다.

말이 쉬워 '충실한 내용을 담아 알아보기 쉽게 쓰기'이지 참으로 어려운 일이다. 글씨야 일필휘지할 수 있겠지만 글은 단번에 쓰기 어렵다. 두보(杜甫) 같은 이도 글을 갈고 다듬었다고 한다(김원중 1996). 알차고 쉬운 글을 발표하려면 갈고 다듬고 마무리해야 한다.

2. 잘못을 바루고 고쳐

교열은 출판 과정에서, 필자의 자리에서는 의사를 정확하게 나타내었는가, 독자의 자리에서는 서술 내용을 쉽게 이해할 수 있는가 살피며 교정쇄에 있는 잘못을 바루는 일이다. 직업 교열인들은 낱말 하나하나, 문장 하나하나를 살펴 아래와 같은 잘못을 찾아 바룬다.

1) 오타(誤打), 오자(誤字), 낙자(落字), 틀린 표기, 적절치 않은 어휘
2) 성분이 빠졌거나, 뒷말이 앞말에 호응하지 않는 문장
3) 의미가 모호한 문장
4) 조리에 닿지 않는 표현, 또는 비논리적인 주장
5) 주제에서 벗어난 이야기
6) 발행 기관의 원고 작성 지침에 맞지 않는 서식(書式)

교열할 적에 잘못된 점이 자기 눈에는 띄지 않고 책을 발행한 다음에야 남의 눈에 띄기도 한다. 그래서 교열을 **이 잡기**에 비유하기도 한다. 오자나 낙자는 본문보다 표제나 사람 이름에 더 많다. 사람들 대부분이 표제나 이름은 얼추 훑어보고 본문 위주로 교열하기 때문이다. 직업 교열인들은 다음과 같은 요령으로 교열한다.

- '쪽 번호 / 절 · 항 · 목 번호와 표제 / 표 · 그림 번호와 표제 / 각주 번호와 내용 / 본문 내용'의 순서로 한 가지씩 교열한다.
- 한 번 잘못 표기한 말은 거듭 잘못 표기하였을지 모르므로, 컴퓨터의 '찾기' 기능을 이용하여 검색한다.
- (찾아보기를 만들고,) 용어를 일관성 있게 적었는지 검색한다.

사람들은 자기 생각대로 글을 쓰고, 자기의 문투와 어법을 표기의 기준으로 삼고, 자기 글에 감기기 쉬우므로 자기가 쓴 글은 잘못 표기하였어도 바르게 보이기도 한다. 그래서 남에게 교열을 맡기면 위와 같은 잘못을 줄일 수 있다. 다만, 필자가 원고를 출판사/교열인에게 넘기고 교열을 몽땅 떠맡기면 안 된다. 교열인도 잘못을 못 보고 넘어가거나 실수할 여지가 있기 때문이다.

교열인이 101쪽의 보기와 같은 사항 가운데 "잘못된 내용은 필자의 책임"이라고 여기고 '1)'만 교정하기도 한다. 교열인이 틀린 '魯'를 맞는 '魚'로 보고 지나치기도 하고[노어지오(魯魚之誤)], 자기 눈에 선 말을 자기가 아는 말로 바꾸거나 —노신초사(勞身焦思)→노심초사(勞心焦思) — 맞게 적은 말을 틀리게 바꾸기도 한다.

교열인은 필자의 문투 또는 필자가 의도적으로 적은 말에 손대면 안 된다. 그러나 필자라야 알 수 있는 내용이어서, 교열인이 '烏瞰圖(오감도)'를 '鳥瞰圖(조감도)'로, 방언을 표준어로 바꾸기도 한다. 아래처럼 문장의 의미를 바꾼 사례도 있다.

(원고) 계속 영농하겠다는 의사는 1980년에 96%, 1982년에 92%, 1984년에 84%로 영농 의욕이 계속 <u>감한</u> 것으로 나타났다.

(교열) <u>감소한</u>

(의도) 강한[필자는, '84%이지만 영농 의욕이 계속 강함'을 표현하려고 하였다.]

원고는 충분히 퇴고하고 인쇄소에 넘겨야 한다. 여러 번 교정하면 인쇄소 종사자들이 골탕을 먹는다. 어떤 이는 퇴고하지 않은 글을 제출한 다음 교정쇄를 초고로 삼기도 하고, 어떤 이는 예닐곱 차례 빨갛게 개작하기도 한다. 인쇄소 오퍼레이터들은 빨개진 교정쇄를 딸기밭 또는 피바다라고도 이른다. 필자가 자기들의 인격에 빨갛게 칠을 한다고 여기기 때문이다.

3. 끝까지 정성을 다하였다

'차례, 문헌 목록, 찾아보기' 만들기는 글을 마지막으로 끝마무리하는 퇴고이다. 필자는 차례로 글 전체의 짜임새를, 찾아보기로 정보의 짜임새를 점검해야 한다. 독자는 차례, 문헌 목록, 찾아보기를 보고 그 책에 있는 정보의 질과 양을 추측한다.

차례

차례는 책의 구성 순서나 알려 주는 단순한 목록이 아니다. 차례는 주제를 일관성 있게 서술하였는지, 줄거리가 가지런한지, 순서를 바꾸어 서술한 곳은 없는지 따위를 파악하는 자료이다. 차례가 엉성하면 글 전체의 짜임새도 엉성하다(46면 참고).

* 직업 교열인은 본문 차례, 표 차례, 그림 차례의 표제를 중점적으로 교열한다.
  1) 표제에 잘못 표기하였으면 본문에도 잘못 표기하였을 것이다.
  2) 49-51쪽처럼, 표제가 알아보기 어려우면 그 부분의 내용이 엉성할지 모른다.
  3) 표나 그림의 표제가 알아보기 어려우면 표나 그림 자체가 잘못 구성되었을 가능성이 높다.
  4) 하위 개념을 '장'으로, 상위 개념을 '절'로 구성한 보고서도 있다.

문헌 목록

문헌 목록은 자기의 글이 창작임을 증명하기 위해 자기 글에 사용한 문헌들을 일괄적으로 밝히는 방법이며, 독자에게 관련 문헌들을 알려 주는 수단이기도 하다. 이 목록은 '저작자, 저작 형태, 연도, 저작물의 표제, 인용 내용의 위치, 발행 기관, 발행지 따위'를 일목요연하게, 발행 기관의 출판 지침에 맞추어 정리해야 한다(35-36쪽 참고).

필자는 '문헌 목록'과 본문의 인용문이 일치하는지 살펴야 한다. '문헌 목록'이 허술한 글에는 표절문이 꽤 있을 것이다.

찾아보기

찾아보기는 독자가 원하는 정보가 어디 있는지 알려 주는 '**위치 정보**'이다. 독자의 처지에 따라 처음부터 끝까지 정독할 책이 있고, 대충 훑어볼 책이 있고, 필요한 사항만 찾아 읽을 책이 있다. 읽었더라도 찾아서 다시 읽어야 할 내용도 있다. 찾아보기가 없으면 원하는 정보[내용]를 얼른 찾기 어렵다.

찾아보기를 만들면 용어를 바르게 일관성 있게 사용하였는지, 한 개념을 두 가지 용어로 이르거나 한 용어를 두 가지 개념으로 사용하지는 않았는지 대비할 수 있다. 개념을 정의하면서 쓴 글, 그리고 여러 사람이 공동 집필한 글은 이 일을 꼭 해야 한다.

> * ㄱ 필자는 '접속어'라는 용어를, ㄴ 필자는 '이음말'이라는 용어를 사용하기도 한다. 그리고 ㄱ은 '하위 개념'이라고 띄어 쓰고, ㄴ은 '하위개념'이라고 붙여 쓰는 경우도 있다. 이런 용어의 개념과 표기는 하나로 통일해야 한다.

위 세 가지가 허술한 전문 서적은, 책을 쓴 이나 출판한 이가 독자를 배려하지 않았거나, 책을 묶기 전에 미비점이 있는지 없는지 확인하지 않은 책일 것이다. '무엇을, 누구에게, 왜' 글로 말하는지 아는 이들은 끝까지 정성을 다하여 위 세 가지로 글을 마무리한다. 위 세 가지가 충실한 책은 내용도 충실할 것이다.

참고 문헌

강지남(layra@donga.com). 2005. 5. 10.「주간 동아」484: 14.

강홍준. 2006. 9. 19.「중앙일보」.

「고등학교 문법」. 1996. 교육부.

「뉴스 플러스」. 1997. 10. 23. 동아일보사.

고려대학교 출판부 (엮음). 1976.「논문 작성법: 인문사회계」.

국립국어원. 2000.「어문 규범 준수 실태 조사: 인터넷 홈페이지를 대상으로」.

김대식, 노영기, 안국신. 1994.「경제학원론」. 제3 개정판. 법문사.

김덕련(pedagogy). 2005. 1. 16. *OhmyNews.*

김순규, 신상철. 1977.「연구방법과 논문작법」. 박영사.

김원중 (편저). 1996.「고사성어 · 숙어 백과사전」. 을유문화사.

농촌진흥청. 1995.「농업 과학논문 작성법」.

문교부. 1989.「국어 어문 규정집」. 대한교과서 주식회사.

문화체육부. 1997.「국어 순화 용어 자료집」.

마틴 가드너. 연도 모름; 이충호 (옮김). 1990.「이야기 파라독스」. 사계절.

민병덕. 1985.「출판학개론」. 지식산업사.

박용. 2001. 11. 19.「동아일보」.

박유봉, 채백. 1989.「현대 출판학 원론」. 보성사.

박유봉 등. 1987.「신문학 이론」. 개정판. 박영사.

박종홍. 1971.「논리학」. 개정판. 박영사.

백선기. 1995.「보도의 기호학: 한국 신문과 사회의 의미구조」. 성균관대학교 출판부.

산림청 임업연수원. 1988.「산과 나무의 전설」.

서경호. 2006. 5. 1.「중앙일보」: 24.

성명환 등. 2004.「임삼산업의 비전과 정책」. C2004-12-1. 한국농촌경제연구원.

송민. 2000. "'경제'의 의미 개신."「새국어생활」10(1): 171-176.

송재선 (엮음). 1995.「농어속담사전」. 동문선.

송현호. 1997.「논문 작성의 이론과 실제」. 국학자료원.

안춘근. 1981.「출판개론」. 을유문화사.

연세대학교 대학원 (엮음). 1997.「논문 작성법」.

위기철. 1992. 「반갑다, 논리야」. 사계절출판사.
윤후명. 2006. 6. "나의 문학청년 시절." 「월간 조선」: 430-440.
이성복. 2003. 「우리말 바른 표기」. 세창미디어.
______. 2007a. 「한국어 맛이 나는 쉬운 문장」. 세창미디어.
______. 2007b. 「논문 맵시 내기」. 세창미디어.
이수형. 2003. "하느님의 법칙과 물리." 「안동교회보」 65.
이유미. 1995. 「우리 나무 백 가지」. 현암사.
이응백. 1990. "좋은 글의 요건." 「고등학교 국어」 상: 103-108.
임영유, 고정애, 김윤미. 2006. 7. 28. 「중앙일보」.
전광진. 2007. 1. 30. 생활 한자. 2297. 「조선일보」 B13.
정장철. 1971. 「편집과 교정」. 개정판. 송원문화사.
조성헌. 1988. 「편집 이론과 기술」. 녹원출판사.
조항범. 2000. "바른 어휘 쓰기." 「국어 문화학교: 문화반」: 59-97.
______. 2004. 「정말 궁금한 우리말 100가지」 (1). 예담.
천인성, 한애란. 2006. 12. 27. 「중앙일보」.
천혜봉, 손재식. 1989. 「고인쇄」. 빛깔 있는 책들 102-4. 대원사.
홍권희(konihong@donga.com). 2005. 5. 10. 「동아일보」.
홍용덕. 2005. 5. 10. 「한겨레」.
홍우동. 1982. 「출판과 인쇄」. 신흥출판사.
홍윤표. 2003. "국어 어휘의 역사 검색." 「2003 한민족 언어 정보화」. 21세기 세종계획. 문화관광부 · 국립국어연구원.
허경진 (편역). 2002. 「평민열전」. 웅진북스.
허귀식, 천인성, 박수련. 2006. 4. 1. "논문, 고도성장의 그늘 … 그 후." 「중앙일보」. p.43.
CBE (Council of Biology Editors, Inc.). 1978. *Council of Biology Editors Style Manual.*
MLA (Modern Language Association of America). 1970. *The MLA Style Sheet.*
Reeder, Ward G. 1930. *How to Write a Thesis*; 고려대학교 출판부 (인용). 1976. 「논문 작성법: 인문사회계」.
Yaggy, Elinor. 1980. *How to Write Your Term Paper*. 2nd ed. New York: Happer & Row, Publishers.

찾아보기

ㅈ

ㅊ

ㅋ, ㅌ, ㅍ

심사자의 눈으로 본
논리적인 글의 요건

2007년 6월 25일 제1판 인쇄
2007년 7월 1일 제1판 발행

저 자 이 성 복
발행인 이 방 원
발행처 세창미디어
서울특별시 서대문구 냉천동 182 냉천빌딩 4층
Homepage / www.scpc.co.kr
e-mail sc1992@empal.com
전화 · 723-8660(代) 팩스 · 720-4579
신고번호 제300-1998-3호

정가 7,000원

* 잘못된 책은 바꾸어 드립니다.

ISBN 978-89-5586-065-8 13710